La Grande-Bretagne, la Palestine et les Juifs

LE PEUPLE JUIF CÉLÈBRE SA CHARTE NATIONALE

ORGANISATION SIONISTE: BUREAU DE LONDRES
35 EMPIRE HOUSE, 175 PICCADILLY, W.1
1918

LA GRANDE-BRETAGNE, LA PALESTINE ET LES JUIFS

Le Peuple juif célèbre sa Charte nationale

ORGANISATION SIONISTE: BUREAU DE LONDRES

35 EMPIRE HOUSE, 175 PICCADILLY, W.1

1918

LA CHARTE DU SIONISME

LETTRE DU GOUVERNEMENT BRITANNIQUE

De Monsieur A. J. Balfour, Ministre des Affaires étrangères, à Lord Rothschild :

MINISTÈRE DES AFFAIRES ÉTRANGÈRES,
le 2 novembre 1917

CHER LORD ROTHSCHILD,

Je suis fort heureux de vous envoyer au nom du gouvernement de Sa Majesté la déclaration suivante de sympathie pour les aspirations sionistes juives, déclaration qui a été soumise au cabinet et approuvée par lui :—

"Le gouvernement de Sa Majesté regarde d'un œil favorable l'établissement en Palestine d'un foyer national pour le peuple juif et aidera de tous ses efforts à l'accomplissement de ce projet ; il est clairement entendu que rien ne sera fait qui puisse porter atteinte aux droits civils et religieux des communautés non-juives existantes en Palestine, ainsi qu'aux droits et à l'état politique dont jouissent les Juifs dans n'importe quel autre pays."

Je vous serai reconnaissant de bien vouloir porter cette déclaration à la connaissance de la Fédération sioniste.

Votre tout dévoué,.

ARTHUR JAMES BALFOUR.

PRÉFACE

La déclaration du Gouvernement britannique en
faveur de l'établissement en Palestine d'un Foyer
National pour la nation juive constitue l'événement le
plus important de l'histoire des Juifs depuis leur dispersion. La manière dont cette déclaration a été
accueillie et a été célébrée dans les communautés juives
en Angleterre et à l'étranger a été marquée par un enthousiasme indescriptible et par les marques de la reconnaissance la plus profonde.

N'était le fait que le monde gémit encore du fléau de
la guerre, les réjouissances de la nation israélite auraient
eu sans le moindre doute un caractère beaucoup plus
imposant et beaucoup plus joyeux. Mais les faits que
nous présentons dans cette brochure montrent que la
Maison d'Israël a conscience pleine et entière de la
haute signification de la garantie qu'a donnée le
Gouvernement britannique au sujet de son rétablissement.

Cette brochure désire donner un résumé aussi complet
que possible des différentes célébrations qui ont eu lieu
dans le monde israélite en l'honneur de la promulgation
de la Charte Britannique du Sionisme. Elle doit se
borner inévitablement aux événements et aux discours
des premières semaines qui ont suivi la publication de la

lettre historique de M. Balfour, et ne peut donc donner un récit adéquat des célébrations dans les autres pays. Mais il est digne de remarque qu'en plus des fêtes séculières innombrables, les synagogues ont aussi pris note de la Déclaration du Gouvernement.

Bien qu'elle soit un document politique, la lettre de M. Balfour proclame la réalisation prochaine de ce qui a toujours été l'idéal religieux de la nation israélite ; et il n'est donc que juste que cette lettre ait été lue dans les nombreuses synagogues pendant l'office du sabbat, et ait servi de texte à d'innombrables sermons.

LA GRANDE-BRETAGNE, LA PALESTINE ET LES JUIFS.

RÉSOLUTIONS, DÉCLARATIONS ET MESSAGES D'ORGANISATIONS SIONISTES.

LA FÉDÉRATION SIONISTE DE LA GRANDE-BRETAGNE.

Les organisations sionistes dans tous les principaux centres israélites du monde ont reçu avec des transports d'enthousiasme et les marques de la plus profonde gratitude la déclaration du Gouvernement britannique. La Fédération sioniste anglaise a tenu un *meeting* spécial trois jours après la date de la lettre de M. Balfour, et a adopté à l'unanimité la décision suivante :

" Nous déclarons que le conseil exécutif de la Fédération sioniste anglaise a reçu avec une joie profonde et avec reconnaissance le rapport du Dr. Weizmann, son président, à la réception de la déclaration du gouvernement de Sa Majesté en faveur de l'établissement en Palestine d'un foyer national pour la nation juive, et qu'il félicite sincèrement le président d'avoir, en union avec M. Sokolow, accompli ce progrès aux conséquences incalculables vers la réalisation des aspirations nationales du peuple israélite.

" Nous demandons en outre que le conseil exécutif prie les officiers honoraires de transmettre au gouvernement de

Sa Majesté, au nom de la Fédération sioniste anglaise, l'expression des sentiments respectueux et profonds de reconnaissance qu'a éveillés parmi les Sionistes anglais cet acte historique dans les annales de la libération nationale du peuple juif, acte qui a ajouté un nouveau lustre aux nobles traditions de la politique, de la justice et de la liberté de la Grande-Bretagne."

ÉTATS-UNIS.

La reconnaissance qu'ont éprouvée les Sionistes britanniques a été égalée par celle qu'ont ressentie et exprimée leurs collègues des États-Unis. Le comité sioniste provisoire de New-York a déclaré que la déclaration du Gouvernement britannique faisait époque dans l'histoire juive.

" Le dessein sage et magnanime du Gouvernement de Sa Majesté de s'efforcer de son mieux de faciliter la réalisation des projets sionistes est en harmonie avec la politique de la nation britannique à l'égard des Juifs. Elle est en harmonie avec la politique de la libération et de la protection des petites nationalités, que les Puissances de l'Entente, y compris notre propre gouvernement, ont résolu de faire régner dans tout l'univers."

A une conférence sioniste, tenue à Baltimore, la décision suivante a été votée à l'unanimité :

"Cette conférence, convoquée par le comité exécutif provisoire des affaires sionistes générales, offre à M. le Dr. Chaim Weizmann et à M. Nahum Sokolow ses plus sincères félicitations pour le rôle qu'ils ont eu dans les négociations avec le gouvernement britannique, qui ont abouti à la déclaration britannique en faveur du rétablissement en Palestine d'un foyer national pour le peuple israélite, déclaration faite par le Très Honorable Arthur J. Balfour au nom du cabinet britannique. Nous prions nos associés de Londres de transmettre au gouvernement de Sa Majesté l'expression de la reconnaissance du peuple juif pour la Déclaration qui est en harmonie avec les traditions du peuple britannique et concorde avec les buts de la Grande-Bretagne et de ses Alliés dans cette guerre de libération et de justice. Nous nous réjouissons profondément du triomphe des armes britanniques en Palestine, et la prise de possession de la Palestine est un autre pas dans la marche en avant des forces alliées qui doit établir dans tout l'univers les principes de l'intégrité invincible des petites nations. C'est pour ces principes que nous sommes préparés avec nos alliés à faire tous les sacrifices nécessaires en argent et en vies, jusqu'au jour où la grande lutte se terminera par le triomphe des nobles buts des nations alliés."

RUSSIE.

Le Comité central de l'organisation sioniste de la Russie a exprimé les profonds sentiments de reconnaissance des Sionistes russes pour la noble déclaration du gouvernement de Sa Majesté "en faveur de l'établissement en Palestine d'un foyer national pour le peuple juif."

"Aucune nouvelle plus agréable ne pourrait parvenir au monde israélite en Russie que cette déclaration opportune du gouvernement britannique sur son attitude à l'égard de la Palestine, et nous ne pouvons assez insister sur l'importance que nous y attachons. Nous regardons ce noble acte comme un point de repère dans l'histoire des Juifs. . . .

"Nous nous estimons particulièrement heureux qu'à cette époque si importante de l'histoire du monde les intérêts du peuple britannique et ceux de la nation juive soient identiques. C'est, avec notre espoir, notre désir le plus ardent que le rétablissement d'un foyer israélite situé à l'entrée de trois continents et commandant les principales artères de communication du monde facilite grandement le maintien de la paix internationale et serve la cause de l'idéal civilisateur de l'humanité.

"Le gouvernement de Sa Majesté, dans sa déclaration si noble et si altruiste, déclare que dans l'établissement d'une nation juive en Palestine les droits civils et religieux des communautés non-juives existantes seront respectés. Nous autres Juifs qui avons souffert de l'injustice pendant tant de centaines d'années, nous ne voudrons jamais imposer la moindre inégalité à des peuples vivant en Palestine. En outre, l'esprit de nos traditions et de notre enseignement nous force à reconnaître l'égalité complète de tous les hommes.

" Les annales de l'histoire juive conserveront à jamais le souvenir de la sympathie et de l'aide du gouvernement britannique dans la regénération de la nation israélite. Dans un esprit de grande générosité le gouvernement britannique nous a offert El-Arish en 1902.   Puis il a montré de nouveau et d'une façon concrète son désir de venir au secours du nationalisme juif en nous offrant l'Ouganda en 1903.   Enfin nous voyons qu'en ce moment même, alors que ses armées triomphent en Palestine, le gouvernement de Sa Majesté, pour donner la plus haute preuve de sa bienveillance, ne se contente pas d'offrir son appui pour aider au rétablissement d'un foyer juif, mais en même temps met au service de cette noble entreprise sa grande influence politique.

" Dans la solution de l'un des plus grands problèmes du monde, c'est-à-dire de la libération complète de la nation la plus opprimée de tous les siècles, le gouvernement britannique donnera à la postérité la preuve certaine que les nombreux sacrifices qu'il a faits dans cette lutte désastreuse n'ont pas été faits en vain mais ont été faits pour l'amélioration toujours plus grande de l'univers."

FRANCE.

La Fédération sioniste de France a envoyé au gouvernement britannique l'expression de ses félicitations le jour de l'occupation de Jérusalem.   Elle a associé à cet événement historique la Déclaration également historique du gouvernement britannique en faveur d'un foyer national pour le peuple juif en Palestine, et elle a salué l'avènement du jour promis, du jour où le peuple ancien de la Bible retrouvera, avec l'aide de ses glorieux alliés, son foyer antique sur le sol bien-aimé de ses ancêtres.

HOLLANDE.

A une réunion de la Fédération sioniste des Pays-Bas, des applaudissements répétés ont accueilli une allusion à la déclaration de M. Balfour au sujet des buts sionistes, qui avait causé, comme l'a dit le Président, la plus grande joie au monde israélite presque tout entier. La déclaration du gouvernement britannique à l'égard du sionisme, a dit M. Jean Fischer, était un événement historique d'une portée incalculable. Le gouvernement britannique avait mérité la gratitude éternelle du peuple juif. L'on décida d'envoyer le télégramme suivant à la Fédération sioniste anglaise :

"La dix-huitième convention générale de la Fédération sioniste des Pays-Bas exprime sa reconnaissance au gouvernement britannique pour son attitude sympathique à l'égard du sionisme, et pour sa déclaration qu'il fera tout son possible pour amener la réalisation du programme sioniste. LIEME, président ; VAN VRIESLAND, secrétaire.''

ALLEMAGNE.

Une conférence sioniste allemande, tenue à Berlin, a voté la déclaration suivante :

" L'Association sioniste allemande accueille avec satisfaction le fait que le gouvernement britannique a reconnu dans une déclaration officielle le droit du peuple juif d'avoir une existence nationale en Palestine.''

CANADA.

La Fédération sioniste de Canada a envoyé le télégramme suivant :

" Salutations cordiales de la part des Sionistes canadiens. A une majorité écrasante, les Juifs canadiens accueillent avec l'enthousiasme le plus grand et la plus grande reconnaissance la déclaration du gouvernement britannique au sujet de la Palestine et du peuple juif. Cette déclaration est une des plus importantes de l'histoire juive. La Grande-Bretagne tiendra ses promesses. Les espérances immortelles pour lesquelles les Juifs souffrent le martyre depuis vingt siècles se réaliseront maintenant, et Israël va renaître. Le programme de Bâle va s'accomplir intégralement.''

SUISSE.

L'Union des Sionistes suisses s'est exprimée ainsi :

'' La Fédération sioniste suisse ayant pris note, avec la plus grande satisfaction, de la déclaration du gouvernement de Sa Majesté Britannique au sujet de l'établissement en Palestine d'un foyer national pour le peuple juif, vous félicite chaleureusement de ce grand succès. La déclaration de M. Balfour coincide avec nos projets sionistes., Nous espérons que toutes les nations du monde appuieront ces projets et voudront s'assurer par là de la reconnaissance profonde du peuple juif.''

BELGIQUE.

La Fédération sioniste belge, domiciliée temporairement à La Haye, a accueilli avec enthousiasme '' la déclaration importante du gouvernement de Sa Majesté Britannique au sujet du peuple juif. Elle est profondément reconnaissante à la magnanimité du gouvernement de Sa Majesté Britannique d'avoir reconnu les aspirations nationales légitimes du peuple juif à l'égard de la Palestine, et vous félicite chaleureusement du triomphe qui couronne l'effort sioniste.''

SCANDINAVIE.

La Fédération sioniste norvégienne s'est exprimée ainsi :

'' Bien qu'elle soit petite, la Fédération sioniste de la Norvège se joint avec joie aux associations sionistes plus anciennes de tout l'univers pour vous féliciter chaleureusement de votre grand succès, tel qu'il apparaît par la lettre de M. Balfour déclarant le désir du gouvernement britannique de soutenir et de faire aboutir nos desseins en Palestine. C'est avec joie que nous constatons qu'un grand pas a été fait dans cette voie : ce qui est doublement agréable à une époque de tribulation, et nous espérons que d'autres succès couronneront tous vos efforts.''

A Stockholm, l'Association sioniste scandinavienne a tenu une réunion extrêmement nombreuse dans laquelle elle a exprimé toute la joie qu'elle ressentait à la nouvelle de la déclaration récente du gouvernement de Sa Majesté au sujet du foyer national israélite en Palestine. Elle a voté à l'unanimité une décision qui saluait l'action du gouvernement de Sa Majesté, et obligeait tous les assistants à faire tous leurs efforts pour assurer un avenir national à la nation israélite.

SALONIQUE.

Le comité du Congrès juif de Salonique a envoyé le message suivant :

'' Le comité du Congrès juif de Salonique a reçu avec une joie indicible la communication de la déclaration faite par le gouvernement de Sa Majesté Britannique relativement à la reconstitution de la nationalité juive en Palestine ; son émotion est grande de voir les aspirations nationales du peuple juif recevoir une consécration aussi éclatante qui lui est donnée aujourd'hui par la grande et libérale nation anglaise. Les Israélites de Salonique communiant avec le judaisme universel expriment au gouvernement de Sa Majesté Britannique leur profonde reconnaissance et forment des vœux chaleureux pour le triomphe final du droit, de la justice et du principe des nationalités si vaillamment défendus par l'Angleterre et ses alliés.''

Le Bureau sioniste de Londres a reçu un grand nombre d'autres messages des organisations sionistes de toutes les parties du monde.

DÉCISIONS D'AUTRES ORGANISATIONS ISRAÉLITES.

ORGANISATION TERRITORIALE ISRAÉLITE.

A une réunion tenue au bureau principal britannique du Conseil de l'Organisation territoriale israélite, il a été décidé à l'unanimité de saluer la déclaration du gouvernement exprimant sa sympathie pour les aspirations du peuple juif, et l'Organisation territoriale israélite "fondée pour donner un territoire autonome aux Juifs qui ne peuvent ou ne veulent pas rester dans les terres où ils vivent à présent" a déclaré alors qu'elle était toute disposée à coopérer avec les Sionistes afin de préparer un projet pour le développement de la Palestine en harmonie avec son programme.

COMITÉ DES REPRÉSENTANTS DE LA NATION JUIVE.

Le Comité des Représentants de la Nation juive a voté à l'une de ses réunions la décision suivante :

"Ce comité désire exprimer ses remercîments et sa reconnaissance au gouvernement de Sa Majesté pour son intérêt et sa sympathie envers les Juifs, tels que les manifeste la lettre qu'a envoyée à Lord Rothschild le Très Honorable Arthur J. Balfour, en date du 2 novembre 1917, et qui a été publiée par la presse."

ASSOCIATION ANGLO-JUIVE.

A une réunion spéciale du conseil de l'Association anglo-juive il a été décidé :

" Que le conseil de l'Association anglo-juive désire exprimer ses remercîments et sa reconnaissance au gouvernement de Sa Majesté pour son intérêt et sa sympathie envers les Juifs, tels que les manifeste la lettre qu'a envoyée à Lord Rothschild le Très Honorable Arthur J. Balfour, en date du 2 novembre 1917, et qui a été publiée par la presse."

L'ORDRE DES B'NAI B'RITH.

A une réunion de la Loge des B'nai B'rith de Londres, l'on a voté la résolution suivante :

" La Première Loge d'Angleterre de l'Ordre Indépendant des B'nai B'rith (Fils de l'Alliance) envoie au gouvernement de Sa Majesté l'expression de leur profonde gratitude pour sa déclaration en faveur de l'établissement en Palestine d'un foyer national pour le peuple juif, et elle assure le gouvernement de Sa Majesté que son acte historique a été reçu avec une joie profonde par toutes les sections de la communauté israélite, comme preuve suprême de la sympathie de la Grande-Bretagne envers la nation juive."

En plus des décisions qu'ont adoptées les principales organisations ci-dessus mentionnées, un très grand nombre de Conseils communaux israélites, de Comités dits *Congregational Committees*, de Sociétés littéraires, de Sociétés de secours mutuel, de Syndicats ouvriers, etc., dans toutes les parties du Royaume-Uni, ont voté des décisions analogues.

RUSSIE.

De toutes les parties du pays sont parvenues au bureau central à Petrograd des félicitations à l'occasion de la déclaration du gouvernement britannique au sujet de l'établissement d'un foyer national israélite en Palestine. Le conseil de la communauté juive de Moscou, qui a été élu pour la première fois par le suffrage universel, a voté, à une réunion extraordinaire, une décision dans laquelle il déclarait que c'était un agréable devoir pour lui de saluer l'initiative du gouvernement britannique, et où il exprimait sa ferme conviction que la déclaration du Gouvernement britannique trouverait partout un écho sympathique et obtiendrait le plus puissant des appuis de la part de la nation juive.

GRÈCE.

La publication de la déclaration de M. Balfour qui a paru dans la presse d'Athènes a éveillé le plus grand enthousiasme chez les Israélites de la Grèce. M. le Dr. Coffinas, qui est un membre de la Chambre des Députés, a rendu visite à Lord Granville, le ministre britannique, pour exprimer la reconnaissance de ses coreligionnaires envers cette nation à laquelle la Divinité a confié la mission de délivrer les lieux saints du joug des barbares.

MM. David Florentin et Joseph Usiel, au nom des Sociétés sionistes, et de la population israélite tout entière de Salonique, ont envoyé le télégramme suivant au Dr. Weizmann et à M. N. Sokolow :

" Fortifiés par l'espérance millénaire de la résurrection nationale, qui doit suivre la délivrance de Jérusalem et de toute la Palestine méridionale, nous avons l'honneur d'envoyer au gouvernement de Sa Majesté Britannique notre profonde reconnaissance pour sa Déclaration historique au sujet du rétablissement de notre peuple sur le sol de ses ancêtres, et nos vœux les plus ardents pour le triomphe décisif des armées anglaises et alliées, et l'accomplissement, sans restrictions, des nobles promesses que le gouvernement britannique a faites à l'Organisation sioniste dont vous êtes en Angleterre les vaillants champions."

MAROC.

Les plus importants résidents israélites de Tanger ont exprimé au nom de toute le population juive du Maroc leur haute appréciation et leur profonde reconnaissance pour l'action du gouvernement britannique en Palestine. Les Juifs du Maroc, ont-ils dit, n'ont été libérés que dernièrement des désavantages politiques et sociaux qui pesaient sur eux, et la promesse du gouvernement britannique a éveillé de nouvelles espérances et de nouvelles aspirations religieuses chez ce noble peuple qui souffre depuis si longtemps.

―――――

OPINIONS DE *LEADERS* JUIFS.

En plus des opinions exprimées par les *leaders* juifs publiées dans cette brochure, en voici maintenant quelques autres :

M. le Dr. Jechiel Tchlenow, *Vice-Président, Comité Exécutif de l'Organisation Sioniste.*

La déclaration du gouvernement de Sa Majesté a changé l'aspect de notre mouvement. Nous avons maintenant la promesse de la Grande-Bretagne, cette amie traditionnelle des petites nations, qu'elle fera tous ses efforts pour nous aider dans l'établissement d'un foyer national pour la nation juive en Palestine. L'histoire du monde, et en particulier l'histoire des Juifs, inscrira cette action dans ses pages en lettres d'or.

D

LE TRÈS HONORABLE HERBERT SAMUEL, M.P.,
Ancien Ministre de l'Intérieur.

Je me réjouis du fond du cœur de la déclaration qui a été faite par le gouvernement britannique au sujet de la Palestine. Je soutiens cette politique, parce qu'elle fournira au génie de la race juive l'occasion de donner de nouveau à l'humanité une civilisation brillante et distinctive, et en second lieu parce qu'elle aura une influence vivifiante sur les millions de prolétaires israélites qui doivent continuer à rester disséminés dans tous les pays du monde, influence qu'une Palestine juive prospère ne pourrait manquer d'exercer.

LE TRÈS HONORABLE LORD ROTHSCHILD, F.R.S.

J'estime que la déclaration du gouvernement est la déclaration la plus importante qui ait été faite jusqu'ici, comme elle est la première reconnaissance par une Grande Puissance de l'état civique réel de la nation juive, et qu'elle doit par conséquent recevoir l'appui intégral de tous les Juifs. J'estime aussi qu'elle n'est pas seulement le premier pas vers le rétablissement de la Palestine dans son ancienne prospérité, mais aussi le premier pas vers l'établissement de cette politique constructrice qu'a nécessitée la guerre avec sa moisson inévitable de changements nécessaires et de reconstruction.

LE TRÈS HONORABLE SIR ALFRED MOND, BART.,
M.P., *Ministre des Travaux Publics.*

L'établissement dans leur ancienne patrie, sous l'égide du gouvernement britannique, d'un foyer où le peuple juif pourra développer son génie national et cultiver en liberté ses vertus d'ardeur au travail, d'économie et d'organisation marque une époque dans l'histoire du monde. La prospérité pendant ces dernières années des colonies israélites en Palestine, dont le succès en dépit des conditions les plus défavorables et les plus dépressives a été phénoménal, m'a toujours profondément frappé, et me donne la certitude d'un succès encore plus grand à l'avenir. Certaines gens semblent penser que la politique qui a été adoptée est de nature à nuire à la position des Juifs—et il doit y en avoir plusieurs millions dans tout l'univers—qui resteront, comme dans le passé, citoyens fidèles et patriotes des pays de leur naissance et de leur résidence avec lesquels ils se sont identifiés, et que l'établissement d'un foyer national en Palestine portera préjudice en particulier aux Juifs anglais auprès de leurs compatriotes. Je ne partage pas, et je n'ai jamais partagé cette opinion. A mon avis, c'est le contraire qui aura lieu. La dignité et l'importance de toute notre race sera rehaussée par l'existence d'un foyer national où les membres de notre race qui ont été obligés de vivre dans des conditions moins favorables que nous pourront s'établir sur le sol de leurs ancêtres.

MR. NATHAN STRAUS, *Ancien Président du Service de Santé, New York.*

Je vous envoie mes félicitations les plus sincères au sujet de la déclaration du gouvernement de Sa Majesté, que vient de faire M. Balfour. Les Juifs américains sont profondément émus par cette bonne nouvelle ; nos pays et leurs Alliés ont reçu la tâche de triompher dans cette guerre pour la libération et la justice et la sainteté des relations internationales, afin que le carac-

D 2

tère sacré du droit des petites nations ne soit plus jamais violé. Voici le jour que le Seigneur a fait : réjouissons nous !

M. LE DR. STEPHEN S. WISE, *Président du Comité Sioniste Provisoire, New York.*

La Déclaration a transporté le sionisme du champ des aspirations nationales dans le royaume des réalités politiques. Depuis des siècles aucune parole n'a été prononcée ayant des conséquences aussi importantes pour la prospérité d'Israël.

La déclaration historique du Ministre des Affaires étrangères de la Grande-Bretagne nous permet d'inférer deux choses : la première, c'est que l'Angleterre n'agit pas seule. Il ne nous appartient pas de déclarer que l'Angleterre a parlé et a agi de concert avec ses Alliés, mais nous avons le droit de croire que l'Angleterre, coopérant de la façon la plus intime avec ses Alliés dans cette guerre, aura au jour des pourparlers de paix, non seulement l'appui de la France et de l'Italie, mais surtout du gouvernement et du peuple américain, et ces derniers, sous la direction du Président Wilson, doivent insister pour que la destruction de l'idéal prussien soit suivie de l'établissement et du maintien de l'intégrité des petites nations. La seconde chose qui est liée d'une façon inévitable à la Déclaration du Cabinet britannique, c'est qu'on doit reconnaître comme admis que toute opposition au mouvement sioniste a cessé.

M. LE JUGE JULIAN W. MACK, *Ancien Président de la National Conference of Charities et de la National Conference of Jewish Charities, Chicago.*

Les Juifs américains, citoyens de cette grande République, et lui devant leur fidélité et leur loyauté absolument intégrales, se réjouissent avec les Juifs de tous les pays du fait que le gouvernement anglais a fait paraître cette déclaration qui fait vraiment époque.

Les rêves et les prières de vingt siècles, qui ont pris corps dans la fameuse déclaration sioniste de Bâle, seront bientôt une réalité : la Palestine redeviendra la patrie du peuple juif, et sera reconnue et protégée en tant que telle par le droit des nations.

M. ADOLPH KRAUS, *Président de l'Ordre Indépendant des B'nai B'rith, États-Unis d'Amérique.*

La déclaration dans laquelle le gouvernement britannique affirme qu'il est prêt à favoriser l'établissement d'un foyer national pour la nation juive en Palestine prend une signification nouvelle en raison de la marche victorieuse des forces britanniques en Palestine. La déclaration doit avoir pour résultat de gagner à la cause sioniste l'appui de ces Juifs qui se sont montrés jusqu'à présent indifférents à l'égard du mouvement sioniste, ou même ses adversaires, car aucun Juif ne peut désormais s'opposer logiquement à l'établissement d'un foyer israélite, si petit qu'il soit.

DÉMONSTRATIONS PUBLIQUES.

LE GRAND *MEETING* D'ACTIONS DE GRÂCES DE L'OPÉRA DE LONDRES.

Le *meeting* public le plus grand et le plus imposant de toute l'histoire de la nation juive a eu lieu le dimanche, 2 décembre 1917, à l'Opéra de Londres, dans le but de remercier le gouvernement britannique de sa déclaration en faveur de l'établissement en Palestine d'un foyer national pour le peuple juif. La salle ce jour-là était remplie d'une foule enthousiaste représentant toutes les sections de la communauté anglo-israélite. On y voyait des délégués de presque toutes les congrégations, organisations, institutions et sociétés juives du Royaume-Uni. Lord Rothschild présidait.

Dans son discours Lord Rothschild déclara qu'ils s'étaient réunis à l'occasion du fait le plus gros de conséquences de l'histoire du judaïsme depuis 1800 ans. Ils devaient remercier le gouvernement de Sa Majesté de sa Déclaration qui faisait époque dans l'histoire de la nation juive par l'importance extraordinaire qu'elle avait. Pour la première fois, depuis sa dispersion, le peuple juif avait reçu sa charte dans la Déclaration de l'une des Grandes Puissances. La Déclaration, tout en reconnaissant et en approuvant les aspirations du peuple juif au sujet d'un foyer national, faisait appel en même temps à l'honneur des Juifs en les priant de respecter les droit et les privilèges non seulement de leurs futurs voisins non-juifs en Palestine, mais aussi de ceux de leur propre nation qui n'étaient nullement partisans de la cause sioniste. Convaincu qu'il était que les buts du sionisme n'étaient nullement incompatibles avec le patriotisme le plus élevé et les devoirs civiques des Juifs dans les différents pays qu'ils habitaient, il priait le meeting de voter la décision qui lui serait soumise, c'est-à-dire d'assurer le gouvernement britannique que les Juifs ici présents respecteraient à l'unanimité l'esprit et la lettre de la noble déclaration gouvernementale. (Applaudissements.) Il était certain que le but principal des Sionistes était de donner un foyer national aux groupes du peuple juif qui désiraient échapper dans l'avenir à cette oppression et à ces mauvais traitements dont ils avaient souffert dans le passé ; aussi pensait-il que toutes les sections de l'opinion du peuple juif pouvaient coopérer pour l'établissement en Palestine de ce foyer national, et cela de façon à en assurer le succès.

Lord Rothschild proposa alors la motion suivante :

" Cette réunion, représentant toutes les sections de la communauté israélite du Royaume-Uni, envoie aux membres du gouvernement de Sa Majesté l'expression de sa profonde reconnaissance pour leur Déclaration en faveur de l'établissement en Palestine d'un foyer national pour la nation juive. Cette réunion assure les membres du gouvernement de Sa Majesté que leur acte historique qui vient à l'appui des aspirations nationales du peuple israélite a éveillé parmi les Juifs les sentiments de la joie la plus profonde. Ce meeting s'engage en outre à soutenir de ses efforts les plus énergiques et les plus persévérants la cause sioniste."

Voici maintenant le discours de LORD ROBERT CECIL, K.C., M.P., Ministre du Blocus et Sous-Secrétaire d'État aux Affaires Étrangères, dont la présence a été accueillie par les plus grands applaudissements :

" C'est avec le plus grand plaisir du monde que je suis venu ici à l'invitation de ceux qui représentent, ou qui ont dirigé la représentation du mouvement sioniste de notre pays, pour vous offrir, à vous et à tous les Sionistes, mes félicitations les plus sincères au sujet de l'événement que vous célébrez aujourd'hui. (Applaudissements.) Peut-être me permettrez-vous de joindre à ces félicitations non seulement le nom de votre Président, mais aussi ceux de M. Nahum Sokolow et de M. le Dr. C. Weizmann qui ont tant fait pour la cause que nous avons tous à cœur de voir triompher. Nous tous, j'en suis sûr, nous comprenons quel *meeting* important est celui de cette après-midi. Sa note dominante est l'idée de libération. (Applaudissements.) Nous souhaitons la bienvenue parmi nous non seulement aux milliers de Juifs que je vois, mais aussi aux représentants des races arabes et arméniennes qui luttent eux aussi dans cette grande guerre pour être libres. (Bravos.) Nous désirons que les pays arabes soient aux Arabes, l'Arménie aux Arméniens, et la Judée aux Juifs. (Applaudissements.) Oui, certainement, et ajoutons aussi, la Turquie, la vraie Turquie aux Turcs, si cela est possible.

" Permettez-moi de dire ici que le rôle que ce pays joue dans ce mouvement n'est pas nouveau. (Bravos.) Je puis aller jusqu'à dire que ce pays, lorsqu'il soutient le mouvement sioniste, ne fait que suivre sa politique traditionnelle. Il me semble, à moi du moins, qu'il y a deux pierres angulaires sur lesquelles la politique de ce pays a toujours été basée. Je crois qu'on les appelle souvent de ces deux mots : Liberté et Justice. Peut-être pourrait-on les décrire d'une façon plus exacte par la phrase suivante : la suprématie du Droit et de la Liberté, car, soyez bien certains, que si nous devons jamais obtenir cette sécurité qui, comme on nous l'a dit récemment, est si importante pour nous, si nous devons jamais faire sortir la civilisation européenne et les relations nationales en Europe de l'anarchie où elles sont à présent, cela sera par les moyens grâce auxquels nous avons obtenu la liberté et le bonheur dans chaque pays, c'est-à-dire, par la suprématie du Droit.

" Quant à la seconde pierre angulaire, dont j'ai parlé, et qui se rapporte plus directement à notre réunion d'aujourd'hui, qu'on me permette de dire ceci : on a sns cesse sur les lèvres en ce moment un nouveau mot : A tonomie. Eh bien ! je ne crois pas que ce soit une chose nouvelle. Elle n'est certainement pas nouvelle dans l'Empire britannique. L'Empire a toujours essayé de donner à toutes les nations qui le composent l'autonomie autant qu' elles étaient capables de la posséder. (Bravos.) Nous avons toujours essayé de donner à tous les peuples de notre Empire complète liberté et complète égalité devant la Loi. (Bravos.) L'on nous adjure de respecter le principe de l'autonomie politique ; mais je le répète, l'Empire britannique a été la première organisation qui ait enseigné ce principe à l'univers, et l'une des grandes causes pour lesquelles nous nous sommes engagés dans cette guerre est de donner à toutes les nations le droit de se gouverner et de suivre leurs destinées, sans s'inquiéter des menaces de leur voisin plus puissant. (Bravos.)

" L'un des plus grands pas que nous ayons faits dans cette direction—à mon avis, le plus grand à certains égards, est notre reconnaissance du mouvement sioniste. C'est là le premier effort organisateur que nous ayons fait dans ce qui sera, je l'espère, la nouvelle organisation du monde après la guerre. (Applaudissements.) Je ne dis pas que ce soit là la seule chose qui soit impliquée dans ce grand mouvement. Ce n'est pas seulement la reconnaissance d'une nationalité,—c'est beaucoup plus que cela. Ce mouvement repose sur un grand idéal dont on vous entretiendra cette après-midi, et dont il serait impertinent de ma part de vous parler. Ce n'est pas à vrai dire la naissance d'une nation, car la nation juive pendant des siècles d'oppression et de captivité a gardé le sentiment de sa nationalité, comme peu de peuples l'auraient fait ; mais si ce n'est pas la naissance d'une nation, je crois que nous pouvons dire que c'est la re-naissance d'une nation. (Applaudissements.) Je ne veux pas prophétiser quels résultats suprêmes peut avoir ce grand événement, mais je crois quant à moi qu'il aura une influence incalculable dans l'histoire du monde et des conséquences que personne ne peut prévoir dans l'histoire future de la race humaine." (Applaudissements prolongés.)

M. Herbert Samuel s'est levé à son tour, après avoir reçu l'accueil le plus enthousiaste :

"Je me réjouis," a-t-il dit, "du fond du cœur de la déclaration que vient de faire le gouvernement britannique au sujet de la Palestine. C'est une politique sur laquelle pendant près de trois ans j'ai insisté et au sein du Cabinet anglais, et en dehors du Cabinet, toutes les fois que l'occasion s'en est présentée. (Applaudissements.) Les craintes et les doutes que cette politique a fait naître n'ont aucun fondement, j'en suis fermement convaincu. Il y a trois conditions qui doivent être observées dans tous les développements nouveaux qui peuvent avoir lieu en Palestine. Tout d'abord les Arabes qui constituent maintenant la majorité de la population de ce pays doivent voir leurs droits pleinement et justement reconnus. En second lieu l'on doit entourer d'un grand respect les Lieux Saints chrétiens et mahométans, qui, dans tous les cas, resteront toujours confiés à la garde des représentants de ces religions. (Applaudissements.) En troisième lieu, l'on ne doit essayer, ni maintenant ni à l'avenir, d'établir rien qui approche d'une autorité politique sur les Juifs répandus dans tout l'univers, qui, selon toute probabilité, resteront toujours la grand majorité de la race israélite. L'on ne doit apporter aucun changement, petit ni grand, direct ni indirect, dans leur état national ni dans leurs droits et devoirs nationaux dans les pays, dont ils sont, ou doivent être les citoyens égaux des autres habitants. Il n'y a pas de divergence d'opinion sur tous ces points dans n'importe quelle section, et les controverses qui ont eu lieu sont, comme j'ose le penser, des disputes sur des différences qui n'existent pas.

"Voici maintenant les raisons pour lesquelles, quant à moi, je soutiens la politique que nous approuvons et que nous célébrons aujourd'hui. Tout d'abord il peut arriver que le génie de la race juive donne de nouveau au monde une civilisation brillante et originale. (Applaudissements.) La richesse de l'humanité réside dans sa diversité. Nous ne voulons pas que le monde ressemble à une immense bibliothèque, se composant uniquement d'innombrables exemplaires du seul et même livre. L'esprit juif est une chose à part. Il allie à un degré remarquable l'imagination au sens pratique, l'idéal au positif. Ce mélange de qualités lui a permis de produire pendant 1,500 ans en Palestine une suite presque ininterrompue d'hommes d'État et de capitaines, de juges et de poètes, de prophètes et de voyants, de penseurs et de chefs qui ont laissé à jamais leur empreinte sur le monde. L'esprit juif est tenace et résistant, et maintenant que tous les empires puissants qui avaient conquis la Palestine ont été renversés et sont presque oubliés, le peuple juif existe et est plus nombreux aujourd'hui qu'il ne l'a jamais été à n'importe quelle période de son histoire. Qui sait, je le répète, s'il ne produira pas de nouveau une merveilleuse moisson dans les champs de l'intelligence, pour l'enrichissement du monde, une fois qu'il aura bien à lui un centre spirituel, solidement basé sur une population laborieuse, libre de toute entrave, autonome, et s'inspirant des souvenirs d'un passé glorieux. (Applaudissements.)

"Et mon autre raison est la suivante : Si ce mouvement aboutit, quel effet puissant n'aura-t-il pas sur les prolétaires juifs qui resteront disséminés encore dans toutes les parties de la terre ! Je vois dans mon imagination ces millions d'Israélites de l'Europe orientale qui pendant des siècles ont été entassés dans leur quartier où ils suffoquaient, proscrits, écrasés par la tyrannie, souffrant toutes les angoisses d'intelligences actives qui ne peuvent avoir libre carrière, de talents qui n'ont pas la permission de parler, de génies qui ne peuvent agir. Je les vois, ces millions, supportant, supportant tout, sacrifiant tout afin de conserver dans son éclat la flamme dont ils savaient qu'ils étaient la lampe, pour préserver l'âme dont ils savaient qu'ils étaient le corps, fixant toujours les yeux sur un point éloigné, ne cessant de croire que leur grandeur leur serait rendue quelque jour, de façon ou d'autre, et se disant toujours, quand ils se réunissaient en famille, la nuit de Pâques : 'L'année prochaine, à Jérusalem !' Les années ont succédé aux années, les générations aux générations, les siècles aux siècles ; et le temps qui s'écoulait pouvait se compter par milliers d'années, et ils ne cessaient de répéter : ' L'année prochaine, à Jérusalem ! ' Si cette vision qu'ils ont tant chérie devient une réalité, si une civilisation israélite renaît sur les collines de Sion avec quelque peu de sa force intellectuelle et morale d'autrefois, je vois alors naître une nouvelle confiance et une nouvelle grandeur dans le cœur de ceux qui seront restés dans les autres parties du monde. Leurs yeux auront un nouvel éclat, leurs dos courbés se redresseront, et le Juif se parera d'une dignité plus grande dans tout l'univers. (Applaudissements.)

" C'est pourquoi nous nous sommes réunis aujourd'hui pour remercier le gouvernement britannique, notre propre gouvernement (applaudissements), qui a rendu possible tout ceci, afin de pouvoir dire, non pas comme si c'était un désir pieux et loin d'être réalisé, mais plutôt pour exprimer une espérance prochaine et sûre de s'accomplir: l'année prochaine, à Jerusalem !"—לשנה הבאה בירושלים— (Applaudissements prolongés).

Le Colonel Sir Mark Sykes, député de Hull, a ensuite prononcé les paroles suivantes :

" Lorsqu'on pense aux années qui se sont écoulées, aux immenses périodes de l'histoire qui sont entre ce qui fut et ce qui est promis aujourd'hui, l'on est vraiment ébloui, oui, ébloui par la possibilité de la perspective qui s'ouvre devant nous. Je m'adresse à vous, comme quelqu'un qui fait le guet, mais vous aussi dans un sens vous faites le guet ; peut-être voyez-vous, comme je les vois, une Asie frappée de fléaux et couverte de ruines, et une Europe se baignant dans le sang. Peut-être voyez-vous ces deux choses, et je vous prie de comprendre qu'il se peut que votre destinée soit d'être le pont entre l'Asie et l'Europe, d'apporter la spiritualité de l'Asie à l'Europe, et la vitalité de l'Europe à l'Asie. Je crois fermement que telle est la mission du Sionisme. Je vois ici quelque chose de plus grand que le rêve même d'une Ligue des Nations, quelque chose qui est le rêve d'une Ligue des Races, et enfin d'une Ligue des Idéals. C'est là une grande vision ; et c'est ce qui peut être, que dis-je ? C'est ce qui est devant vous.

" Mais personne ne comprend plus que je ne le fais—je connais la question, un peu tout au moins, et c'est pourquoi j'ose dire hardiment—qu'il y a devant vous des dangers, des difficultés et des obstacles possibles ; mais, mesdames et messieurs, le temps de votre probation a été long. Votre école a été celle de l'adversité ; c'est avec calme que vous pouvez regarder les difficultés, car vous les surmonterez. Je ne m'attends pas à une soudaine transformation magique. Non ; mais je crois que vous entrez dans une époque de transition qui sera grande, bienfaisante et irrésistible.   C'est là ce que vous commencez.

" Oui, je le crois, vous allez établir une puissance qui ne sera ni une puissance de sang ni une puissance d'argent, mais la domination d'une force intellectuelle.   Je crois que vous verrez dans la Palestine un grand centre d'idéals qui rayonneront dans tous les pays du monde, là où sera votre race.   Et s'il est une chose qui me fasse grand plaisir aujourd'hui, c'est de sentir qu'à ce moment décisif de votre histoire, après la déclaration du gouvernement, vous n'avez pas pensé seulement à vous-mêmes, mais vous avez pensé aussi,—et plus tard ce sera avec joie que vous vous souviendrez de ce fait—vous avez pensé, non pas seulement à vous-mêmes, dis-je,—lorsqu'on a fait briller devant vos yeux l'espoir de la délivrance—mais à vos compagnons de malheur, aux Arméniens et aux Arabes."

Le Grand Rabbin s'est levé à son tour :

Il a dit que c'était un grand honneur pour lui de prendre part à ce *meeting* admirable qui avait été convoqué pour exprimer les remercîments sincères du monde israélite de la Grande-Bretagne au gouvernement de Sa Majesté pour la profonde sympathie qu'il avait pour les aspirations du peuple juif. La Déclaration du gouvernement au sujet de la Palestine, déclaration qui faisait époque, était l'assurance que donnait le plus puissant des empires que le nouvel ordre de choses que les Alliés étaient en train de créer, en sacrifiant sans compter leur sang et leur argent, aurait ses racines dans le droit et serait basé sur le principe de la liberté et du respect pour *toutes* les nationalités opprimées.   C'était là un gage solennel que la plus ancienne des tragédies nationales se terminerait par le rajustement prochain des querelles des nations qui consolera l'humanité du carnage, des ravages et des tourments de cette terrible guerre mondiale. En face d'un événement d'une importance aussi infinie pour la nation juive les mots ou les phrases qu'on emploie d'habitude pour marquer son appréciation ou sa reconnaissance étaient par trop faibles et insuffisants. Ils devaient ouvrir l'Écriture Sainte aujourd'hui pour trouver l'interprétation de leurs vrais sentiments. Il y avait vingt cinq siècles de cela, Cyrus avait promulgué son édit qui libérait les Juifs exilés à Babylone ; et un témoin de ce jour de gloire leur avait laissé dans le 126e psaume le souvenir de la joie que leurs ancêtres avaient éprouvée à la nouvelle de leur délivrance. "Lorsque le Seigneur a ramené ceux qui sont revenus à Sion —היינו בחלמים—nous avons ressemblé à ceux qui rêvent. Alors ils ont dit parmi les nations : ' Le Seigneur a fait de grandes choses en leur faveur.' Le Seigneur a fait pour nous de grandes choses ; et nous en sommes remplis de joie."

Leur sentiment était aussi un sentiment de joie et d'émerveillement. Avec eux aussi c'était l'étonnement des nations, l'approbation rassurante des hommes d'État et des chefs d'État qui les faisait s'écrier : "Nous veillerons à ce que soit faite, faite et consommée la chose qui dans la pensée de tant d'hommes ne devait jamais être faite." (Applaudissements.) L'esprit de la Déclaration était celui de la justice absolue, aussi bien pour les Juifs qui n'étaient pas en Palestine que pour les habitants de la Palestine qui n'étaient pas juifs. Ils saluaient surtout dans la Déclaration la phrase qui avait trait aux droits civils et religieux des populations habitant la Palestine et n'étant pas israélites. Ce n'était là qu'une traduction du principe fondamental de la législation de Moïse. (Applaudissements.) Mais c'était la substance de la Déclaration, la promesse d'un foyer national pour la nation juive, qui remplissait leurs âmes de joie. Car ce n'était que sur son propre sol que le peuple juif pouvait vivre sa propre vie et fournir, comme il l'avait fait dans le passé, ses apports si caractéristiques et si spécifiques au trésor spirituel de l'humanité. Après la proclamation de Cyrus, la masse de la nation juive était restée à Babylone. Il n'y avait eu que 42,000 hommes, femmes et enfants, tous comptés, qui avaient profité de la proclamation du roi et étaient revenus avec Ezra à Sion, dans la terre de leurs ancêtres. Mais cette poignée de Sionistes et leurs descendants, parce qu'ils vivaient sur leur propre sol, avaient changé tout l'avenir de l'humanité. Ils avaient édité et recueilli les paroles des prophètes, avaient écrit quelques-unes des plus belles parties de l'Écriture, avaient formé le canon de la Bible, et avaient donné au monde ses religions monothéistes. (Applaudissements.) Aujourd'hui, comme alors, il n'y aura qu'une partie de Juifs qui retournera en Palestine—שאר ישוב. Mais aujourd'hui, comme alors, c'est la renaissance nationale de ce petit nombre qui doit commencer un nouveau chapitre dans les annales de l'esprit humain. L'on parle de difficultés ? Sans doute il y a des difficultés dans une telle entreprise. La tâche de poser les fondements d'un Israël nouveau doit être une longue tâche, pleine de fatigue et de grandes épreuves. Mais une nation qui pendant vingt-cinq siècles a résisté victorieusement aux tempêtes du temps possède assez de vitalité, assez de patience, assez d'idéalisme pour se montrer digne, avec l'aide de Dieu, de cette occasion unique et vraiment historique. (Applaudissements prolongés.)

M. le Dr. M. GASTER, Grand-Rabbin des Juifs espagnols et portugais résidant en Angleterre, a parlé ensuite :

Il a dit qu'il se trouvait au milieu d'eux, comme un vieil ami, pénétré profondément de l'esprit de foi, ou même, s'ils le voulaient, comme un rêveur de visions. Ce qui avait paru un rêve à tant de gens était maintenant devenu une réalité (applaudissements), et ils s'étaient réunis aujourd'hui pour commencer à moissonner dans la joie ce qu'ils avaient semé dans les larmes et la douleur. C'était pour eux tous un jour de joie que de voir les fruits qu'ils désiraient depuis si long-temps. Ils s'étaient assemblés aujourd'hui pour remercier le gouvernement britannique de sa déclaration de sympathie pour leurs aspirations nationales. La grandeur du gouvernement britannique venait de ce qu'il avait enlevé au problème son caractère de géographie locale et lui avait donné cette importance d'une valeur universelle qu'ils y attachaient eux aussi. Ce qu'ils désiraient obtenir eux aussi en Palestine, ce n'était pas seulement le droit d'y établir des colonies, ou des institutions d'éducation, de culture, ou pour l'industrie. Ils voulaient établir en Palestine une Communauté israélite autonome dans le sens complet du mot. Ils voulaient que la Palestine fût la Palestine des Juifs, et

non pas seulement une Palestine pour les Juifs. Ils voulaient
que le pays redevînt ce qu'il était autrefois et ce qu'il
avait été pour les Juifs dans leurs prières et dans leur Bible,
le pays d'Israël. Le sol doit leur appartenir. (Applaudissements.) Ils représentaient, en tant que peuple, le même
programme que les hommes d'État anglais représentaient
aujourd'hui dans une sphère plus grande. Les Juifs
demandaient réparation, restitution et garanties (applaudissements), et c'était dans l'application même de ces principes
que la grandeur et que l'importance de la Déclaration du
gouvernement britannique se montraient d'une façon si
éclatante. L'Angleterre ne devait aux Juifs aucune
réparation. Ils avaient en Angleterre la liberté civile
et politique pleine et entière, l'égalité des droits et des
devoirs, et ils s'étaient mis à la hauteur de la responsabilité qui leur avait été ainsi imposée. Beaucoup d'entre
eux avaient leurs enfants dans les rangs de l'armée
britannique.

Mais maintenant le gouvernement anglais s'était déclaré
le champion de la réparation qui était due au peuple juif
pour toutes les injustices dont ils avaient souffert dans le
monde. Il s'était déclaré aussi le champion de la restitution
de la Palestine à notre nation, pour laquelle cette terre
était l'héritage des ancêtres, et il avait donné aux Juifs
des garanties,—droit et sécurité de possession, indépendance,
droit et liberté d'action, en tant que nation, dans son ancienne
patrie. L'établissement d'une communauté israélite dans
la terre de leurs ancêtres consoliderait aussi et éclairerait
la position du reste des Juifs dans l'univers. (Applaudissements.) Il estimait qu'un nouveau monde allait naître
dans lequel le Juif, en tant que Juif, se trouverait être un
homme libre.

En manière de conclusion, l'orateur rappela à ses auditeurs
la vieille légende d'après laquelle, lorsque le Temple avait
été détruit, les pierres s'étaient brisées en mille fragments,
et chaque fragment était entré dans le cœur d'un Juif.
C'était ce souvenir de notre gloire déchue que chaque Juif
portait dans son cœur et qui le faisait ainsi se courber.
Mais les Juifs allaient se réunir de nouveau et devenir une
nation en Palestine, et ils arracheraient ces fragments des
pierres du Temple de leurs cœurs ; et maintenant, s'est
écrié M. le Dr. Gaster, " Je sens la pierre de mon cœur
s'en détacher déjà." (Applaudissements prolongés.)

Shahk ISMAIL ABDUL-AL-AKKI s'est levé et s'est adressé à l'auditoire en langue arabe. Son discours a été traduit aussitôt par Mr. I. SIEFF, qui a ajouté en même temps que l'orateur avait été condamné à mort par le gouvernement turc pour s'être joint au mouvement national arabe.

Shahk Ismail a déclaré qu'il désirait exprimer sa reconnaissance profonde à la nation britannique et au gouvernement britannique pour lui avoir donné, à lui et à ses compatriotes, un appui et un asile à l'heure de la persécution. Les Turcs, les poches garnies d'or allemand, tenaient sa patrie dans les chaînes, mais il était certain que l'Angleterre et la France la délivreraient, de même qu'il croyait dans la victoire suprême du bien sur le mal, et dans le triomphe des Alliés. Il ne parlait pas seulement en tant qu'Arabe, mais en tant qu'Arabe mahométan, ayant étudié pendant cinq années dans des écoles de théologie, et ayant passé un examen à ce sujet, et c'était le devoir de tout mahométan de prendre part au mouvement qui avait pour but la libération de ses compatriotes. Leur *meeting* avait lieu pour célébrer le grand acte du gouvernement britannique qui avait reconnu les aspirations de la nation juive et il leur demandait de ne pas oublier dans leurs jours de bonheur que les fils d'Ismaël souffraient aussi. Ils avaient été dispersés et confondus, comme les Juifs l'avaient été, et maintenant ils commençaient à renaître, fortifiés qu'ils étaient de l'esprit des martyrs. Il espérait que la Palestine redeviendrait un pays d'abondance, regorgeant de lait et de miel. (Applaudissements.)

M. WADIA KESRAWANI, Syrien chrétien, parla ensuite en français pour dire que ses compatriotes faisaient appel à l'Angleterre et à la France pour les tirer d'esclavage, et saluaient de leurs applaudissements la Déclaration du gouvernement.

M. IZRAEL ZANGWILL, le célèbre romancier, Président de l'Organisation Territoriale Juive, se leva à son tour, au milieu d'applaudissements prolongés :

" En ma qualité de Président de l'Organisation Territoriale Juive l'on m'a fait l'honneur de m'inviter à venir vous adresser la parole du haut de cette estrade, en cette occasion mémorable. En cette qualité j'ai souvent critiqué vos chefs. Mais aujourd'hui je suis ici non pas pour les critiquer, mais pour les féliciter et coopérer avec eux. Je les félicite, surtout le Dr. Weizmann et M. Sokolow, d'avoir abouti à cet événement historique dans le domaine de la diplomatie. Israël tout entier a maintenant le devoir de veiller à ce qu'un tel fait soit suivi d'un résultat aussi merveilleux dans le domaine plus difficile de la pratique.

"Mais je ne viens pas vers le gouvernement de la façon dont le Kaiser vint vers Lord Morley, comme il nous le raconte, avec toutes les marques d'un feint respect et des salamalecs orientaux, car j'ai soutenu pendant longtemps qu'après une guerre pour la liberté et pour le droit des petites nations cette réparation même était due à notre peuple malheureux, disséminé çà et là et divisé, qui a souffert et a versé son sang avec tous les belligérants. En ma qualité de citoyen anglais, je suis fier que mon pays ait lavé par ce manifeste en faveur des Juifs la tache de son alliance avec le pharaon déchu. Mais quelle que soit la reconnaissance générale des Juifs pour cette extension des principes des nationalités, les Juifs en Turquie et dans les autres pays ennemis en ce moment sont aussi fidèles à leur patrie que nous le sommes à la nôtre, et nous tous qui sommes ici en ce moment nous ne pouvons avoir le droit d'attacher notre race à une seule Puissance ou à des Puissances. Tout ce que nous pouvons dire, c'est qu'heureusement à une immense majorité nos coreligionnaires sont concentrés dans ces pays alliés et démocratiques avec lesquels ils ont des affinités naturelles. Et leur affinité la plus intime est celle qu'ils ont avec les Anglais. Mais il n'est pas surprenant que la nation, dont la noble version de nos Écritures a fait de la Bible une possession presque anglaise, vibre aux aspirations nationales du peuple juif.

" Dès le début la formule de l'Ito a été la suivante : ' procurer un territoire sur une base autonome pour ces Juifs qui ne peuvent ou ne veulent rester dans les terres où ils vivent à présent.' Pour ceux-là et pour ceux-là seulement. Non pour ceux qui peuvent et veulent rester dans leurs pays actuels. Avec ces Juifs il peut y avoir des rapports spirituels, mais il ne peut y en avoir de politiques. Et aujourd'hui, où, pour citer votre grand *leader*, Max Nordau, ' la période de la rhétorique est finie, et l'heure de l'action approche,' je suis heureux d'avoir reçu l'affirmation des chefs sionistes ici présents qu'ils acceptent sans réserve la stipulation du gouvernement, à savoir que l'on ne fera rien qui puisse porter atteinte aux droits et à l'état politique dont jouissent les Juifs dans n'importe quel autre pays. Dès que le sionisme sera établi sur cette base solide, non seulement sa formule deviendra identique avec celle de l'Ito, mais je ne vois pas de raison pourquoi tout Israël ne coopérerait pas avec les deux organisations dans le développement de la Palestine, en en faisant un foyer national juif pour ces Juifs qui peuvent ou veulent y aller. Afin d'empêcher toute confusion, appelons la Palestine la Judée, comme Lord Robert Cecil l'a appelée, et appelons Judéens les Juifs qui en seront les citoyens. Alors tous les autres resteront des Juifs comme auparavant, des Juifs fidèles à celle des formes politiques qu'ils choisiront. Un foyer national en Palestine, la liberté et l'égalité des droits partout ailleurs : tel est à coup sûr le programme qui peut unir tout Israël, et qui l'unit déjà, à ce qu'il me semble.

" Je ne dis pas que cette autonomie doive venir tout d'un coup. Bien qu'à mon avis la politique la plus hardie soit toujours la meilleure, et que le sentiment de la responsabilité soit le meilleur éducateur d'un peuple, je suis prêt cependant à faire toutes les concessions possibles aux circonstances et à l'histoire. Mais à moins que l'organisation de la Palestine soit si bien arrangée qu'elle produise éventuellement le foyer national autonome, je n'irai pas consacrer mes faibles forces; quant à moi, à une telle moquerie des aspirations israélites.

" L'époque est trop sérieuse et trop tragique pour une telle plaisanterie. La montagne de Sion est au travail. Produira-t-elle une souris ? Non, elle doit produire un lion, le lion de Judée.

" Le résultat de sept croisades qui ont eu lieu en Terre Sainte a été le massacre des Juifs ; si la huitième croisade doit donner la Palestine aux Juifs, si elle doit être vraiment une croisade chrétienne, alors ce fait même est une preuve d'un nouvel ordre mondial d'amour et de justice. Que les Juifs, que le peuple d'Isaïe, à un moment aussi grave de leur histoire, fassent un grand acte de foi, et, au lieu de désavouer la fraternité d'Israël, qu'ils proclament de notre centre de Jérusalem la fraternité des hommes.

"Mais cette tâche spirituelle n'est pas tout ce qui émeut notre esprit. La Palestine est un pays de pierres et de fièvres. C'est un pays dont la partie principale est aussi désolée que la plaine des Flandres,—ruiné qu'il est non pas par la guerre allemande, mais par la paix turque, par des siècles de négligence et de mauvaise administration. Étant donné que cette guerre terrible épuise les ressources du monde, surtout ses ressources en hommes, qui donc donnera ce pays à la civilisation, si ce n'est nous autres Juifs ? Si même nous n'avions aucun rapport historique avec cette terre, ce serait là une mission digne de notre peuple. Qu'on me permette donc de faire appel aux Juifs anglais, de leur demander de travailler avec nous et de travailler en toute loyauté. Car même en mettant les choses au mieux, notre but est encore loin de nous. La Palestine n'est pas encore à nous, et même quand elle sera à nous, notre tâche, malgré les pionniers que nous honorerons toujours, malgré même le Baron Edmond de Rothschild, ne fera que commencer. Déjà nos jeunes hommes y sont morts sous l'égide de la Grande-Bretagne. Mais si ardemment que nos jeunes hommes aient sacrifié leurs vies en Palestine pendant cette guerre, ils s'offriront encore plus ardemment pour les travaux et les sacrifices de la paix. Cela sera alors le véritable régiment israélite.

"Et bien que notre but soit encore loin, bien que nous ne puissions pas encore trop nous réjouir, cependant quand je me rappelle comment notre petite nation a résisté à la puissance armée de tous les grands empires de l'antiquité ; comment nous avons vu notre Temple en flammes, et nos ancêtres dispersés comme des cendres ; comment nous avons supporté la longue nuit du Moyen-âge, illuminée par la flamme des bûchers des martyrs ; comment hier encore nous errions par millions sur la terre, pris que nous étions entre le Prussien cruel et le Russe impitoyable, et cependant nous avons vécu assez longtemps pour voir aujourd'hui l'empire sanglant des Tsars s'écrouler, tandis que les montagnes de Sion brillent à l'horizon, je sens déjà que nous pouvons dire aux autres nations : 'Consolez-vous, consolez-vous, pauvres nations qui souffrez. Apprenez de la longue patience d'Israël que l'esprit est plus puissant que l'épée, et que le voyant qui prédit la résurrection de son peuple n'a pas été moins prophète, lorsqu'il a proclamé aussi pour tous les peuples la paix de Jérusalem.' " (Applaudissements prolongés.)

M. H. N. MOSTDITCHIAN, Membre de la Délégation Arménienne, parla comme suit:

Il profitait de l'occasion pour apporter à leurs frères israélites les saluts les plus cordiaux des Arméniens—(applaudissements)—et leurs félicitations les plus sincères au sujet de la renaissance qui allait faire fleurir les heureuses vallées de la terre de leurs ancêtres. Il compara les deux nations qui avaient souffert des mêmes persécutions, mais qui, malgré tout, n'avaient pas voulu mourir, et n'étaient pas mortes—(applaudissements)—et qui se tenaient aujourd'hui la main dans la main à la veille d'une ère nouvelle, qui leur permettrait de vivre encore une fois leurs vies nationales dont ils avaient donné de si belles preuves dans le passé. Ils savaient tous que l'Arménie était l'un des premiers pays dont il était fait mention dans l'histoire des Juifs, et une dynastie de rois arméniens qui avaient dans leurs veines beaucoup de sang juif y avait régné, il y avait douze cents ans de cela. Après la perte de leur liberté, les Juifs avaient continué à mener une vie de captifs et d'exilés, et les Arméniens, après la perte de leur liberté, avaient enduré le même exil. Ce n'était pas l'heure de raconter toutes les souffrances des Arméniens pendant les trois dernières années, c'était un état de choses, auprès duquel le *pogrom* le plus terrible ressemblait au paradis ; mais les Arméniens, aussi bien que les Juifs, attendaient avec grand enthousiasme le règne de " Demain," comme résultat de la Déclaration. Ils avaient attendu assez longtemps, avec leurs frères juifs, pendant des siècles et des siècles ; et leurs deux nations, aussi bien que les Arabes, feraient de la Palestine une autre Terre Promise, un nouveau Paradis Terrestre, un centre vers lequel l'humanité ne cesserait de tourner ses regards. (Applaudissements.)

M. NAHUM SOKOLOW, Membre du Comité exécutif de la Fédération sioniste, dit :

L'organisation sioniste éprouvait la joie la plus profonde et la plus vive à la nouvelle de la Déclaration du gouvernement de Sa Majesté. Il avait l'honneur de faire la déclaration suivante aux Arabes : "Les relations entre les Juifs et les Arabes ont été jusqu'ici rares et intermittentes, à cause surtout de l'ignorance mutuelle et de l'indifférence. Il n'y avait eu vraiment aucun rapport entre les deux nations, en tant que telles, parce que la Puissance qui les opprimait ne les reconnaissait ni l'une ni l'autre, et toutes les fois que des points de contact avaient commencé à se montrer, ils avaient été aussitôt détruits par l'intrigue, au détriment des deux nationalités. Nous croyons que cette heure de crise et le début d'une brillante perspective pour des développements mémorables offrent une occasion féconde pour poser la large base de relations cordiales permanentes entre les deux peuples qui sont inspirés par un dessein commun. Nous voulons dire par là une vraie entente cordiale entre Juifs, Arabes et Arméniens, car une telle entente cordiale a déjà été acceptée en principe par les principaux représentants de ces trois nations. Après un tel commencement nous espérons en toute confiance en un avenir de coopération intellectuelle, sociale et économique ; nous sommes unis avec les Arabes et les Arméniens aujourd'hui dans la résolution d'obtenir pour chacun de nous la liberté de choisir nos destinées. Nous voyons avec un amour fraternel la création d'un royaume arabe et le rétablissement de la nationalité sémite dans sa gloire et sa liberté, et nous envoyons nos souhaits les plus cordiaux à la noble nation arménienne si cruellement éprouvée, pour que se réalisent ses aspirations nationales dans leur ancienne Arménie. Nos racines étaient unies dans le passé, nos destinées seront unies à l'avenir." Telle était leur déclaration à leurs futurs voisins. (Applaudissements.)

Le Capitaine l'Honorable W. Ormsby Gore, M.P., député de Denbigh, s'exprima en ces termes :

"En tant que sujet britannique, n'ayant aucuns parents israélites, je vous adresse la parole cette après-midi, parce que je suis l'ami personnel des chefs sionistes, parce que je les ai vus à l'œuvre l'année dernière, ici et en Égypte, et que je veux les féliciter de leur succès et me joindre à eux pour remercier le gouvernement britannique à l'occasion de ce que je regarde comme un progrès réel et mémorable dans la marche de la civilisation. Il y a à peu près un an, autant que je me le rappelle, j'ai pris contact pour la première fois avec le mouvement sioniste dans sa forme pratique, lorsque je fus mis en rapports officiels avec les réfugiés de la Palestine en Égypte. Et c'est d'eux que j'appris que les Juifs s'efforçaient déjà, et s'efforçaient depuis quarante ans, de faire florir l'idéalisme sur cette terre désolée. Plus l'on voyait les effets du gouvernement turc, surtout du gouvernement turc depuis la déposition du Caliph Abdul Hamid par les Jeunes Turcs, plus l'on comprenait que, tant que la Palestine ne serait pas délivrée du joug étranger, l'on ne pouvait espérer y voir prospérer le sionisme, y voir régner la liberté, la justice, même dans une question, comme celle des impôts, ou y voir florir l'agriculture. Je suis particulièrement heureux que cette Déclaration ait été faite par le gouvernement britannique à un moment où les armes anglaises sont en train de délivrer ce pays, parce que cela montre que la Grande-Bretagne ne lutte pas pour obtenir des gains pour elle-même, mais qu'elle combat dans un esprit plus noble, pour l'idéal de la liberté, du progrès par l'autonomie, et de la nationalité.

"Le droit qu'ont les Juifs de posséder la Palestine est absolument certain, et, en tant que membre du Parlement britannique, je me réjouis de voir par le numéro récent de la *Revue Sioniste* que ce mouvement a reçu l'appui, à une majorité écrasante, de l'opinion politique britannique, telle que la réflète la Chambre à laquelle j'appartiens. Voici maintenant une autre raison pour laquelle je soutiens ce mouvement : je le soutiens en tant que membre de l'Église anglicane. Sir Mark Sykes a surtout parlé en tant que Catholique romain. J'appartiens à l'Église anglicane, et je vois le doigt de Dieu Tout Puissant dans ce retour des Juifs en Palestine, c'est pourquoi je tends une main amie aux Sionistes qui veulent faire aboutir leur mouvement. Il est une autre chose que j'aimerais à dire ici, et c'est la suivante : du jour où j'ai rencontré les chefs sionistes, soit en Égypte, soit dans notre pays, depuis le jour, dis-je, où je leur ai été présenté, j'ai senti qu'il y avait en eux quelque chose de si sincère, quelque chose de si anglais, si vous me permettez de le dire, de si frappant, que je me suis attaché à eux sur le champ ; et je voudrais ajouter ceci encore : vous avez en la personne de M. le Dr. Weizmann, votre chef dans notre pays, une personnalité et un homme d'État qui a montré de telles qualités de patience, d'habileté, de résolution et d'intelligence qu'elles l'ont rendu cher à tous ceux qui sont entrés en relations avec lui. J'ai fait tout ce que j'ai pu pour appuyer votre mouvement, toutes les fois que j'en ai eu l'occasion. A l'avenir, si vous cherchez des amis, vous pouvez me compter dans leur nombre." (Applaudissements.)

M. JAMES DE ROTHSCHILD, de Paris, fut reçu avec le plus grand enthousiasme.

Il déclara qu'il leur parlait comme le fils de celui qui avait passé sa vie à s'efforcer d'amener ce qu'ils célébraient aujourd'hui. Jusqu'à ce jour l'idéal juif avait été bien accueilli, mais il n'avait pu franchir la porte. Le gouvernement anglais, d'un trait de plume, lui avait ouvert la porte. C'est pourquoi la reconnaissance débordait du cœur de tous les Juifs, et ils ne devaient jamais oublier que le pays dont le gouvernement avait fait cette Déclaration si juste et si généreuse avait affermi tous leurs desseins à l'avenir. (Applaudissements.)

M. LE DR. C. WEIZMANN, président de la Fédération Sioniste anglaise reçut, en se levant, une ovation magnifique.

Il fit allusion aux nombreuses paroles sensées et éloquentes qui venaient d'être prononcées, en ajoutant qu'il espérait que les Juifs d'aujourd'hui et que les Juifs de demain se mettraient à la hauteur d'une telle occasion par leur puissance et leur dignité, et qu'ils répondraient à cette grande résolution, non seulement en paroles, mais en actions. La génération actuelle avait sur les épaules la plus grande responsabilité qui ait existé depuis 2,000 ans, et il faisait des vœux pour qu'elle fut digne d'une telle responsabilité.

Il pria ensuite le *meeting* de se lever, et en levant les mains de prêter l'ancien serment historique—chaque homme et chaque femme d'entre eux—אם אשבחך ירושלים תשכח ימיני ("Si je t'oublie, ô Jérusalem, que ma main droite oublie sa force!")

Le *meeting* alors se leva en masse, répétant les mots du psalmiste au milieu du plus grand enthousiasme, et la cérémonie se termina par le chant, "Hatikvah" et "God Save the King," exécutés par l'Association des Chantres.

SECONDE RÉUNION.

Une seconde réunion, dite *overflow meeting*, que présida
M. P. Horowitz, eut lieu au Kingsway Theatre ; la
salle était absolument comble. Parmi ceux qui pro-
noncèrent des discours, il faut compter le Grand Rabbin,
Lord Lamington, M. I. Zangwill, M. Joseph Cowen,
M. le Dr. Selig Brodetsky, M. le Dr. D. Jochelman et
M. Israël Cohen.

L'auditoire vota avec le plus grand enthousiasme une
motion dans les termes identiques à celle qui avait
été adoptée au London Opera House.

DÉMONSTRATION À MANCHESTER.

Une démonstration émouvante eut lieu le dimanche,
9 décembre, 1917, à l'Hippodrome de Manchester, rempli
d'une foule enthousiaste. Sir Stuart M. Samuel, Bart.,
Président du Conseil des Représentants Israélites (Jewish
Board of Deputies) présidait la réunion, ayant à ses
côtés tous les principaux représentants israélites de
Manchester et des villes voisines, et un grand nombre
de personnalités importantes non-juives, y compris le
Lord Maire de Manchester et le Maire de Salford. La
cérémonie commença par la lecture que fit M. Léon,
le secrétaire honoraire, de lettres de Lord Rothschild,
Lord Robert Cecil, M. Herbert Samuel, M.P., le Grand
Rabbin et M. Arthur Henderson, M.P.

M. HENDERSON, Secrétaire du Parti ouvrier
britannique et ancien membre du Cabinet de guerre,
s'exprimait ainsi dans sa lettre :

" Par sa Déclaration en faveur de l'établissement d'un
foyer national pour le peuple israélite en Palestine, le

gouvernement britannique a prouvé la sincérité des déclarations démocratiques, à savoir que cette guerre était une guerre de libération par laquelle les nationalités opprimées seraient délivrées. Le mouvement travailliste anglais avait compris au nombre de ses buts de guerre la demande que les Juifs de tous les pays, grands et petits, devaient jouir des droits élémentaires de tolérance, de liberté de résidence et de voyage, de l'égalité des droits du citoyen, qui devaient être étendus à tous les habitants de toutes les nations ; et il avait déclaré aussi sa croyance que l'on pouvait parfaitement arriver par un accord entre toutes les nations à délivrer la Palestine du joug si pesant et si oppressif des Turcs, de façon à ce que le pays formât un État libre, avec des garanties internationales, où la nation juive pût travailler à son salut, sans être gênée par l'intervention de peuples de race et de religion étrangères. Le gouvernement et le peuple britanniques s'étaient solennellement engagés à suivre cette politique.''

SIR STUART M. SAMUEL, en se levant pour parler, reçut une véritable ovation. En se tournant vers le cierge de *Chanucah* que l'on venait d'allumer, il prononça ces paroles :

'' Monsieur le Lord Maire, ce cierge a été allumé dans les foyers juifs pendant 2,000 ans, et il représente la flamme immortelle de l'espérance, le trait caractéristique du peuple juif pendant ces longues années durant lesquelles il n'a jamais perdu l'espoir qu'un jour la Promesse divine s'accomplirait devant leurs yeux.''

Sir Stuart Samuel a continué ensuite en disant, qu'en ce qui concernait la Déclaration du gouvernement, il croyait quant à lui qu'il était beaucoup plus facile de rendre la Palestine aux Juifs qu'aux Juifs de retourner en Palestine. (Rires.) Les Juifs, pour réussir en Palestine, devaient être unis ; ils devaient présenter un front de bataille absolument uni, non seulement dans ce pays, mais dans tout l'univers, car leur union ferait leur force. Il leur demandait donc à tous d'oublier leurs divergences d'opinion pour le bien commun. L'idée qui devait les animer devait être la prospérité de leurs coreligionnaires. Les petites idées personnelles devaient disparaître pour le bien de l'ensemble. Après des siècles d'attente le progrès ne pouvait être que graduel ; lorsque le sort d'une nation était dans la balance, l'on ne pouvait se mettre à jouer gros jeu.   Les immigrants ne devaient pas se rendre en masse en Palestine, avant que le pays ne fût prêt à les recevoir. Les Juifs devaient donner aux autres la même liberté religieuse qu'ils comptaient avoir eux-mêmes.   Ils devaient tendre une main secourable aux autres nations qui avaient souffert ; tout d'abord, aux Arméniens, et dans une plus faible mesure aux Arabes qui étaient leurs compagnons de malheur, et ils devaient leur montrer que les Juifs désiraient vivre en paix et en amitié avec eux.   Les Juifs devaient toujours se rappeler que c'était grâce à la liberté, dont ils jouissaient dans ce bienheureux pays de l'Angleterre, qu'ils pouvaient chérir ainsi l'espérance d'une fraternité avec les autres nations.   Vivant en Angleterre, ils pouvaient comprendre absolument quel don était celui de la liberté.   Pour sympathiser profondément, il fallait souffrir profondément. Les cités de la Palestine seraient des cités de refuge pour les persécutés, quand il plaîrait à Dieu, et apporteraient ainsi שלום לישראל.   (Applaudissements prolongés.)

Le LORD MAIRE DE MANCHESTER, qui reçut une véritable ovation, déclara :

Il parlait au nom de la majorité, peut-être même au nom de tous ses concitoyens, lorsqu'il souhaitait au mouvement sioniste le plus grand succès avec les bénédictions de Dieu. Il comptait de nombreux amis parmi les Juifs de Manchester, et il les regardait comme une partie très précieuse de la vie de la cité. Il prenait, pour ainsi dire, un intérêt tout personnel au mouvement sioniste, car il avait été en Palestine, et il y était représenté en ce moment par un fils qui était dans l'armée britannique. Le monde devait une grande dette aux Juifs, qui avaient toujours chéri cette grande idée,—et y étaient restés fidèles en dépit des supplices et des tortures—cette idée de posséder de nouveau la Palestine. Il espérait sincèrement que l'idée deviendrait une réalité, et elle se réaliserait bien mieux, si l'on triomphait dans cette guerre (applaudissements), si l'on détruisait à jamais le militarisme allemand, si on l'écrasait avec brutalité. Lorsque la paix viendra enfin, la vision du prophète Isaïe serait réalisée. (Applaudissements.)

Sir Mark Sykes déclara à son tour :

Depuis la lettre de M. Balfour à Lord Rothschild des messages étaient venus de millions de Juifs de toutes les parties du monde qui prouvaient que la masse de la nation israélite était profondément émue. Bien que depuis deux mille ans la nation israélite avait de temps à autre vibré à l'unisson, cela avait été de douleur, mais jamais de joie. La guerre avait été fertile en choses négatives, mais ici du moins l'on avait quelque chose de positif. Pendant des siècles il y avait eu je ne sais quoi de mauvais dans la civilisation. Chaque nation et chaque continent avait eu son problème juif, ses lois draconiennes, ses ghettos, ses enceintes réservées aux Juifs ; ici les Juifs étaient proscrits et chassés, là ils étaient tolérés et assimilés, et des deux choses, l'on se demandait si la première ne valait pas mieux que la seconde. L'accomplissement de l'idéal sioniste serait la fin de tout cela. Le sionisme donnerait aux Juifs de l'univers une position plus élevée que toutes celles qu'ils avaient eues jusqu'ici. Quand bien même peu d'entre eux se rendraient en Palestine, en proportion de ceux qui n'y iraient pas, ces derniers ne souffriraient pas. Aucun Juif anglais ne serait moins anglais, parce qu'il pourrait regarder avec orgueil le berceau de sa race, et avec bonheur et respect le centre religieux de sa foi. Lorsque les droits spirituels du citoyen seraient définis clairement et noblement, les droits civiques du citoyen se trouveraient encore plus hauts que dans le passé.

Mais il y avait lieu de faire quelques réflexions pratiques. Il regardait comme essentiel au succès de l'entreprise sioniste le fait qu'elle devait être basée sur une *entente* juive, arménienne et arabe. L'Arménien appartenait à une nation opprimée, et tant qu'il ne pourrait vivre sa vie ni voir la consécration de ses aspirations nationales, les Juifs ne pouvaient être assurés que la tyrannie qui pesait sur l'Arménien ne pèserait pas sur eux. L'on nous a dit que le Turc avait toléré le Juif. C'était parce qu'en Turquie le Juif n'avait pas été un élément politique et n'avait pas formé de population agricole. Le jour où le sionisme deviendrait une réalité, les Juifs seraient des propriétaires terriens, et ils deviendraient pour le Turc ce que le Bulgare, le Serbe, le Grec, l'Arménien, l'Arabe sont devenus. Tant que les Arméniens n'auraient pas été libérés, ils ne pouvaient se sentir en pleine sécurité ; ils devaient placer entre eux et leur agresseur possible un état arménien stable et progressif.

Lorsqu'il parlait des Arabes, il ne faisait aucune distinction subtile entre eux. Il parlait de tous ceux qui en Asie avaient la même langue et le même sang. Leur milieu les faisait appeler Syriens, Mésopotamiens, Mousselines, Alepins ; leur religion les faisait appeler Chrétiens, Musulmans, Druses, "Mitamelis," "Ansaries" ; par le sang, il y avait du côté paternel un peu d'infusion du sang des Croisés en Syrie, et en Mésopotamie du sang touranien et iranien, mais les savants déclaraient que ce n'était guère là que des traces. Quatre-vingt cinq pour cent d'entre eux étaient sémites par la race. Pendant 800 ans les Arabes avaient été sous le joug de dynasties turques. Leurs canaux de la Mésopotamie avaient été ruinés, et lorsque Vasco da Gama avait doublé le Cap de Bonne Espérance, il leur avait enlevé le commerce européen. Ils étaient liés, appauvris, divisés par les intrigues turques et isolés par les événements. Étaient-ils morts ? Nullement ! "Vous savez que le Sémite dort, mais ne meurt jamais." (Applaudissements prolongés.) Partout où il y avait des hommes de sang arabe, que ce fût au Niger, à Chicago, à Java, ou à Manchester, l'on trouvait des esprits éclairés qui s'intéressaient aux arts, à la littérature, à la philosophie, et avaient une position importante dans le commerce. Les Arabes d'aujourd'hui avaient la même vitalité et les mêmes capacités que les Arabes qui sous les Omeyades avaient porté la civilisation de Damas à Cordoue en Espagne, et de Basra jusque dans les steppes sauvages de l'Asie Australe, de même que les Abassides avaient répandu la littérature et les arts de Bagdad jusque dans tout le monde civilisé.

Aujourd'hui les Arabes étaient "pronationalistes." Ils étaient liés entre eux par le sang et par la langue. Ils étaient au nombre de sept ou de huit millions, et ils étaient prolifiques. Il y avait là une combinaison de grande natalité, de sol vierge, de puits de pétrole et d'esprit d'entreprise. Qu'en résulterait-il en 1950 ? Il en résulterait inévitablement que les sept ou huit millions d'Arabes deviendraient une vingtaine de millions, que le système des canaux de la Mésopotamie serait reconstruit ; que la Syrie deviendrait le grenier de l'Europe ; que Bagdad, Damas et Alep seraient des villes aussi importantes que Manchester ; et que des

universités et une Presse importante naîtraient à leur
tour.

La civilisation arabe y viendrait ; aucun Sultan, aucun
Kaiser ne l'en empêcheraient ; et lorsqu'elle y viendrait,
aucun impérialiste, aucun financier ne pourrait la diriger
à sa guise. Par destinée, les Juifs étaient intimement liés
à la renaissance arabe, et la coopération et la bonne volonté
dès le début étaient nécessaires, sans quoi une catastrophe
finale écraserait à la fois le Juif et l'Arabe. C'est pourquoi
il voulait prier les Juifs de voir les choses à travers des
lunettes arabes. (Cris de '' Nous le ferons, nous le ferons ! '')

Quelles étaient les craintes de l'Arabe ? Il craignait les
corporations financières, ayant leur pivot en Palestine, et
dirigeant la Syrie et la Mésopotamie. Il craignait que le
sol de la Palestine ne fût acheté par des compagnies, et il
craignait ainsi de devenir un prolétaire travaillant la terre
au compte de maîtres étrangers. Il craignait de voir les
colons de la Palestine quitter leurs établissements agricoles,
et s'en aller en Syrie et en Mésopotamie comme intermédi-
aires, et ainsi lui rendre la vie impossible. Il était essentiel
que les Sionistes comprissent ce danger et y fissent face.
S'il osait dire ces choses, c'est qu'il avait foi dans le mouvement sioniste, et qu'il savait que c'était un mouvement
idéaliste et non une manœuvre financière. (Applaudissements prolongés.) Les Arabes devaient comprendre que les
Juifs ne cherchaient pas à avoir des terres qu'on ne voulait
pas leur vendre ; que toutes les terres qu'ils achèteraient ne
seraient mises en valeur que par la main d'œuvre israélite, ,
(applaudissements prolongés) ; que les colons seraient de
vrais colons, et que les Juifs voulaient conquérir la Palestine,
non pas par des manœuvres financières, mais à la sueur
de leur front. (Applaudissements prolongés, beaucoup
d'auditeurs se levant et applaudissant.) La coopération
des deux races ouvrait de telles perspectives à l'humanité,
l'hostilité des deux races signifiait au contraire une tragédie
si épouvantable qu'il croyait de son devoir de leur donner
cet avertissement.

Le second avertissement qu'il se permettait de leur
donner était le suivant : les Sionistes devaient se rappeler
que Jérusalem était un endroit trois fois saint, sacré au
Chrétien, au Juif, et au Musulman ; pour lui, en tant que
catholique, il avait baisé la pierre du Saint Sépulchre, et
il savait par conséquent ce que le Musulman devait ressentir

pour la Mosquée d'Omar et ce que le Juif devait ressentir lorsqu'il plaçait la main sur les pierres du mur des Lamentations. Jérusalem rayonnait d'histoire : elle était un terrain inflammable au plus haut point, et un mot ou un geste fait par mégarde pouvait mettre le feu à la moitié d'un continent. Le mouvement sioniste ne deviendrait pas une réalité uniquement par la diplomatie, le tact, la délicatesse ou les vertus de politique de salon. Jérusalem demandait d'autres qualités. Jérusalem ne demandait pas la tolérance, mais la sympathie, la bonne entente, la compassion, le sacrifice, " la sympathie pour le Musulman, pour qui la Mosquée d'Omar est l'endroit le plus sacré de la terre ; l'entente avec le chrétien, qui, comme moi-même sent qu'en venant au secours du sionisme il contribue à réparer une grande injustice. Renoncez à tout sentiment de triomphe, à tous les anciens souvenirs des injustices du passé. Abordez la question, non pas dans un esprit de tolérance, mais dans un esprit de fraternité et d'affection."

Pour lui, il croyait que le sionisme, si on se mettait dans ce mouvement avec l'esprit qui convenait, serait la cause d'une grande réconciliation, non pas d'une fusion, mais d'une bonne amitié entre les membres des trois religions ayant ..e origine commune.

Le sionisme mal compris pouvait devenir le commencement de la lutte la plus sanglante que le monde ait jamais vue. La timidité était le chemin qui menait au désastre ; ils devaient donc envisager les faits hardiment. Il voyait dans la réalisation de leur idéal l'assurance de la paix du monde. Il les voyait coopérant comme les protecteurs et les garants moraux des petits États, étant eux-mêmes les plus petits et les plus grands à la fois. Il les voyait en train de panser les plaies religieuses qui avaient séparé les meilleurs d'entre tous les esprits pendant des siècles. Jérusalem serait comme un cœur énorme et plein de vie, et ainsi se cicatriseraient les blessures de l'Europe, et l'Asie renaîtrait de nouveau. (Applaudissements prolongés ; l'auditoire se lève et applaudit à plusieurs reprises.)

M. James de Rothschild dit à son tour :

Le gouvernement britannique, représentant sans le moindre doute les voix d'une démocratie éclairée et magnanime, avait ratifié le projet sioniste. Ce qu'on demandait désormais au peuple juif, ce n'était plus des projets, mais des actions, et il espérait que dans un avenir prochain des cohortes de Macchabées modernes se frayeraient un chemin à travers les collines de la Judée. (Applaudissements.) Les revendications du peuple juif étaient pour la justice, et telle était aussi la base des revendications des Arabes et des Arméniens, revendications que les Juifs appuyaient complètement et qu'ils s'étaient engagés à appuyer. La Grande-Bretagne était la mère nourricière de la nation juive nouvellement née, et il attendait avec impatience le jour où cette nation, bronzée par l'adversité mais fière de ses espérances, prouverait par son labeur qu'elle était la vraie fille d'une telle mère.

M. JOSEPH COWEN, Trésorier et ancien Président de la Fédération sioniste anglaise, se leva alors et fut salué de vigoureux applaudissements :

Il déclara, lui aussi, que la Déclaration du gouvernement était une Restauration ; elle était la seule chose que, dans 500 ans, les écrivains choisiraient comme étant l'acte le plus historique de cette guerre mondiale ; elle paraissait tellement importante non seulement pour les Juifs, mais aussi pour l'univers. Les Juifs ne doivent pas être toujours des rêveurs. Ils avaient déjà commencé à établir quelques colonies en Palestine, et ils seraient fiers avec le temps de leurs pionniers. Le verdict du monde dépendait de ce qu'ils accompliraient pendant les vingt années qui allaient venir. Il croyait qu'ils seraient à la hauteur d'une telle occasion, et que hommes et femmes mettraient tout leur cœur dans une entreprise aussi noble. (Applaudissements.)

M. LE DR. WEIZMANN s'exprima en ces termes, après avoir été salué par des applaudissements bruyants et prolongés :

« Je désire m'associer au nom de l'organisation que j'ai l'honneur de représenter, de la Fédération sioniste anglaise, aux remercîments sincères qui sont offerts par cette grande ville au gouvernement de Sa Majesté. Ayant été un de ceux qui ont eu l'honneur de participer quelque peu aux négociations avec le gouvernement, je puis me rendre compte de l'état d'esprit avec lequel cette Déclaration nous a été faite. L'amitié, la compréhension et la sympathie pour notre cause qu'ont montrées les hommes d'État qui gouvernent les destinées de l'Angleterre, si elles étaient plus connues, seraient une très grande source de consolation pour les Juifs dans tout l'univers. De plus, le gouvernement anglais ne s'est pas contenté de nous faire cette déclaration, mais il a l'intention de la faire devenir une réalité le plus tôt possible. J'espère que, lorsque la situation militaire le permettra, une commission de Sionistes juifs ira en Palestine dans deux grands desseins. Le premier but, le plus immédiat, sera d'apporter des secours et de panser les blessures qui ont été faites par les ravages de cette guerre. La misère est grande en Palestine, et l'on y a besoin de secours immédiats. Nous avons fait tout ce que nous pouvions faire jusqu'à présent, mais il reste encore beaucoup à faire dans un avenir très prochain, et tel sera l'un des buts de la commission.

" La seconde tâche, et la plus difficile, sera de former des plans et une organisation de façon à commencer l'œuvre si difficile de la colonisation et de la renaissance de cet ancien pays. Au milieu de la joie que vous éprouvez en ce moment, j'aimerais à faire entendre une note d'avertissement. Un peuple ancien et expérimenté prouvera sa sagesse en montrant l'empire qu'il a sur lui-même au moment convenable. Rappelons-nous tous que l'organisation de la Palestine est une œuvre lente, graduelle et laborieuse, qui nous demandera toutes nos ressources et toute notre patience. Un mot d'ordre, comme le suivant : 'Nous devons avoir un état juif sur le champ' est un mot qui peut nous nuire beaucoup. Nous ne pouvons avoir des masses d'immigrants se rendant en foule en Palestine, avant que le pays ne soit prêt à les recevoir. Voilà ce que je crains beaucoup plus que n'importe quelle opposition que l'on peut faire en ce moment au sionisme. Nous ne devons jamais avoir peur de nos adversaires. Je suis effrayé quelquefois par le zèle de quelques-uns de nos amis.

" L'on nous a donné ce soir plus d'un avertissement ; ces avertissements sont graves, sages et importants, ils sont d'autant plus significatifs qu'ils viennent de celui qui a contribué plus que personne à amener cette Déclaration du gouvernement. Il s'est appelé ce soir le pilote et à vrai dire il a été, il est, et j'espère qu'il sera pendant longtemps encore, un grand pilote pour nous tous. Mais qu'on me permette de dire que j'écoutais quelques-uns de ces avertissements avec un certain sentiment d'étonnement et d'humiliation, parce qu'il me semblait qu'ils n'étaient pas entièrement nécessaires, du moins en ce qui concerne les Sionistes. Car n'est-ce pas l'essence même du sionisme de ne pas faire ces trois choses dont Sir Mark Sykes a voulu nous prémunir ? N'avons-nous pas lutté constamment, nous autres Sionistes, membres d'un mouvement démocratique, contre ces soi-disant spéculateurs financiers juifs internationaux ? Ce type spécial du Juif a toujours été l'ennemi implacable du sionisme. D'où est venue l'opposition au sionisme ? Elle n'est pas venue des ghettos où les traditions juives existent encore. Elle n'est pas venue de ceux qui sont prêts à aller s'établir en Palestine. L'opposition au sionisme vient surtout de ce soi-disant Juif cosmopolite des faits et gestes duquel nous ne voulons pas être responsables, puisque nous les méprisons. Je crois qu'il n'y a pas de danger qu'il prenne le premier train pour Jérusalem. (Rires.)

" Tant que la terre est achetée par les Juifs et n'est pas travaillée par les Juifs, elle n'est pas une terre juive ; c'est là une vérité banale pour les Sionistes. (Applaudissements.) La terre devient juive, non pas par l'acte d'achat, mais par l'acte de possession et par le travail. Parmi les nombreuses colonies que nous avons en Palestine, il en est une, peut-être la moins imposante, peut-être la moins remarquable. Elle s'appelle Chedera, mais elle est la plus juive de toutes les colonies. Et pourquoi ? La réponse à cette question est écrite dans le cimetière de Chedera, où des générations successives sont allées dormir, parce qu'elles avaient préféré travailler sur ce coin de terre et mourir de la fièvre, plutôt que de partir et d'abandonner le travail à d'autres colons. C'est pourquoi cette colonie est devenue la plus juive de toutes.

" Les dix dernières années de notre activité colonisatrice ont montré une tendance de plus en plus forte à remplacer systématiquement et quelquefois à un très grand désavantage économique la main d'œuvre arabe par la main d'œuvre israélite ; et ici je voudrais prier les Arabes de se rappeler que, si nous agissons ainsi, ce n'est pas que nous soyons contre les Arabes, mais c'est que nous désirons tenir compte de l'avertissement que Sir Mark Sykes nous a donné ce soir : c'est que nous désirons rendre le pays absolument juif. Nous voulons que les colonies soient juives, et soient exploitées par des Juifs, et je demande à nos amis les Arabes de comprendre que c'est un postulat élémentaire pour ceux qui désirent faire d'une contrée un pays vraiment juif : ce n'est pas seulement la finance juive, mais le labeur juif et l'intelligence juive qui doivent s'acquitter de cette tâche. Elle peut être très dure, mais tout acheminement est difficile.

" L'on nous a donné un autre conseil ce soir,—vous autres Juifs, a-t-on dit, essayez d'être unis. Naturellement, nous comprenons la nécessité absolue d'être unis, et depuis des années nous organisons et nous consolidons le monde israélite, et à mon avis nous pouvons montrer les progrès importants que nous avons faits dans cette direction. Il est difficile, pour ne pas dire impossible, aux Juifs, dispersés qu'ils sont parmi tous les peuples de l'univers, de montrer la même unité qu'une nation européenne peut le faire ; mais l'on me permettra de rappeler que l'on reproche très souvent aux Juifs d'être trop unis ; la soi-disant solidarité israélite a toujours été une poutre dans les yeux de nos ennemis.

" L'on nous demande en outre de comprendre et de respecter autrui. Qui pourrait comprendre et respecter autrui plus que les Juifs qui ont tant souffert et pendant si longtemps, faute d'être compris ? Est-ce que nous n'essayons pas de comprendre constamment nos voisins, et n'avons-nous pas souffert du fait que l'on ne nous a pas compris ? Comment le monde a-t-il traité les Juifs ? Il a été soit philosémite, soit antisémite : deux choses également méprisables. Nous ne désirons pas être aimés d'une façon particulière, ni patronnés ; et nous ne désirons pas non plus être un objet de haine. Nous désirons être acceptés tels que nous sommes, avec tous nos défauts, et toutes nos qualités, de même que nous essayons d'accepter les autres nations. Qu'on nous prenne donc tels que nous sommes, une nation parmi d'autres nations, Juifs et rien de plus. C'est à prendre ou à laisser ! Tout cela est l'essence même du nationalisme juif et du sionisme, et si par improbable il arrivait que quelques-uns d'entre nous pussent l'oublier un instant, nos ennemis ne tarderaient pas à nous le rappeler !

" Nous vivons au milieu d'un grand événement, d'un événement qui fait peser sur nous une responsabilité terrible. L'on épiera, l'on examinera chacun de nos actes, et l'on exagérera, l'on mettra en premier lieu toutes nos fautes. Nous devons donc essayer de faire notre possible pour nous acquitter de notre tâche de la façon la plus parfaite. Nous devons redoubler d'énergie, la tripler. Tout ce que nous avons fait jusqu'ici n'est que le commencement : les difficultés nous attendent encore. C'est dans ce but que nous devons nous unir et combiner nos forces, et ne tenir aucun compte de nos adversaires. Nous ne désirons pas leur appui, et leur opposition ne nous effraie pas. Si ceux qui ne sont pas Sionistes viennent vers nous, ils seront toujours les bienvenus ; s'ils se tiennent à l'écart, nous ne les en blâmerons pas—à une seule condition, c'est qu'ils ne se mêlent pas de nos affaires. (Applaudissements.)

"Ce que nous faisons, nous le faisons sous notre responsabilité, et à mon avis nous sommes assez âgés pour nous charger d'une telle responsabilité. Les Non-Sionistes, et les anti-sionistes ne doivent pas avoir peur de se voir blâmés de nos propres fautes ; nous prendrons le blâme pour nous-mêmes, mais aussi l'honneur. Pour ceux qui désirent se joindre à nous, nous ferons un pont d'or, nous les rencontrerons à moitié-chemin, nous leur demanderons de coopérer avec nous pour la solution de ces grands problèmes pratiques dans lesquelles nous pouvons coopérer sans sacrifier les principes fondamentaux du mouvement. Lorsque viendra le jour de commencer la construction et l'organisation de la Palestine, l'une de nos tâches les plus importantes sera de faire un règlement de comptes très juste avec nos voisins, les Arabes et les Arméniens. Nous ne pouvons vivre en harmonie avec eux autrement. Telle est la logique obligatoire des événements. Il y a assez d'air et de terre et d'eau en Palestine, pour que chacun y vive en paix.

"Nous espérons et nous croyons tous qu'un monde meilleur sortira de tout le carnage et de toute la destruction de la guerre. S'il a existé dans le passé des malentendus entre les Arabes et les Juifs, nous ne les avons pas créés ; ils ont été créés par ceux qui étaient les maîtres de la Palestine, par la main mortelle du Turc, qui n'a jamais pu gouverner son empire qu'en mettant aux prises une partie de la population avec l'autre. Tout cela, nous l'espérons, va disparaître maintenant.

"N'est-il pas impératif, n'est-il pas logique que nous qui avons tant souffert de la force physique nous essayions de reconstituer en Palestine le règne de la justice et du droit pour tout le monde ? Il est étrange en vérité d'apprendre que l'on craint de voir le Juif devenir un agresseur en Palestine, de voir le Juif qui a toujours été la victime, le Juif qui a toujours combattu pour la liberté d'autrui, devenir tout d'un coup un agresseur, parce qu'il aura touché le sol de la Palestine. Le monde a-t-il oublié que c'est sur ce sol de la Palestine que le génie juif a donné naissance au code social qui est devenu le fondement de la civilisation moderne ? La paix, nous le croyons fermement, règnera en Palestine, et la Parole de Dieu jaillira de Sion comme autrefois. Dans un monde sans frontières artificielles et sans canons Krupp, où des nationalités différentes vivront côte à côte en paix, travaillant et peinant pour la civilisation nouvelle qui sortira de cette guerre, le Juif reprendra la place qui lui appartient.

"La Palestine que nous espérons édifier ne sera pas une copie pure et simple de ce qui existe déjà dans le monde, elle sera quelque chose de mieux. Elle ne sera pas nécessairement une copie de la Suisse ou de la Belgique,—à quoi bon multiplier les copies ? Elle sera quelque chose qui sortira du sol juif, de l'âme juive, du génie juif. Nous utiliserons l'expérience accumulée de milliers d'années de souffrances. C'est là l'idéal que nous avons devant nous, pour lequel nous vivons et nous travaillons, et cet idéal exclut toute agression, exclut toute animosité à l'égard de ceux avec qui nous devons travailler et vivre. (Applaudissements prolongés.)

M. N. Sokolow s'exprima en ces termes :

"Pour nous autres Sionistes, car j'ai l'honneur de vous parler au nom de l'organisation sioniste, l'un des points les plus importants du programme sioniste a toujours été de se faire reconnaître officiellement et d'obtenir une sécurité politique pleine et entière pour ce que nous allons édifier en Palestine, afin de pouvoir construire sur des fondements solides. Il est vrai que nous n'avons pas attendu dans un état de pure passivité ; nous avons commencé notre tâche, même avant d'avoir ces sécurités internationales. Nous avons travaillé en donnant le maximum de notre énergie, et nous avons réussi à créer en Palestine un foyer de colonisation agricole moderne, labeur dans lequel nous avons été généreusement aidés par ce grand homme dont vous venez de saluer le fils avec tant d'enthousiasme et de reconnaissance. (Applaudissements.) Cependant la sécurité manquait encore. Maintenant nous espérons recevoir la partie essentielle, la partie la plus essentielle de la sécurité et de l'autonomie politique, grâce à cette Déclaration de la plus grande Puissance du monde,—qui doit décider du sort de la Palestine—de cette Puissance qui a été pendant des siècles le bouclier et le roc de la liberté et de la justice, et l'école de la colonisation et de l'administration bonne et juste des colonies. En accueillant cette Déclaration, comme nous le faisons, nous restons fidèles au programme que nous avons proclamé il y a plus de vingt ans à notre première conférence de Bâle. Ce principe de sécurité et d'autonomie politique est essentiel au succès et à l'accomplissement de notre tâche en Palestine, et c'est pourquoi nous autres Sionistes nous débordons de joie en cette heure solennelle, puisque nous recevons une partie considérable de ce que nous revendiquions, sous la forme de la Déclaration du gouvernement de Sa Majesté. (Applaudissements.)

"Mais ce n'est pas seulement le peuple juif qui est resté fidèle à ses traditions en recevant cette Déclaration ; la Grande-Bretagne, en la donnant, a prouvé une fois de plus sa loyauté. Cette Déclaration est une continuation, c'est même un couronnement, de tout ce que l'Angleterre a fait pour les Juifs pendant des générations jusqu'à l'heure actuelle. (Applaudissements.) Lorsque les Juifs furent chassés d'Espagne en 1492, et du Portugal en 1552, quelques-uns d'entre eux allèrent en Hollande, et l'un des rabbins juifs d'Amsterdam vint en 1655 en Angleterre et alla trouver Cromwell. Il présenta à Cromwell la pétition qui demandait la réadmission des Juifs dans ce pays, en se servant surtout d'arguments ayant un caractère plutôt sioniste. La réadmission des Juifs dans ce pays a été le premier grand acte de justice de l'Angleterre à l'égard des Juifs. Il est digne et juste que la nation juive exprime maintenant sa profonde reconnaissance à cette grande nation britannique. Et à mon avis, mesdames et messieurs, l'amitié de la nation israélite vaut bien quelque chose ! (Applaudissements.)

L'on a fait quelques allusions aux réjouissances qui ont lieu en ce moment, mais elles ne sont qu'une très petite partie de ce qui transpire à l'heure actuelle dans le monde israélite dans toutes les parties de l'univers. C'est un flot non seulement d'enthousiasme, non seulement de gratitude, mais de conscience profonde, parce que les Juifs sont conscients de leur responsabilité pour les actions qu'ils vont entreprendre, et devant le nouveau chapitre qui s'ouvre dans l'histoire juive, chapitre qui doit être écrit par les Juifs dans tout l'univers. Ce ne sont pas les Sionistes parmi les Juifs, mais c'est tout le peuple juif qui est pénétré du sentiment profond de sa responsabilité pour ce qui va se passer désormais. Vous aurez compris déjà que les Juifs en Russie sont peut-être les amis les plus prononcés de l'Angleterre. Pourquoi sont-ils les amis de l'Angleterre ? Ce n'est pas seulement parce que l'Angleterre a accordé un tel bienfait à la nation israélite, mais parce qu'ils savent ce que signifie le droit d'une nation, et parce qu'ils connaissent les idéals élevés pour lesquels la Grande-Bretagne combat. Ils savent que l'Angleterre est la grande force motrice des destinées du monde, et que la diffusion de son esprit est la promesse la plus précieuse de la paix véritable. Ils savent qu'il n'y a pas de peuple libre aujourd'hui qui n'ait profité de l'expérience de la Grande-Bretagne et n'ait copié ses institutions. L'Angleterre a été et est toujours attachée plus qu'aucune autre nation à notre Bible. Or par cette déclaration l'Angleterre a joué un rôle qui est vraiment biblique. (Applaudissements.)

" Nous apprécions hautement les remarques importantes qu'a faites notre ami distingué, Sir Mark Sykes, au sujet des relations entre Juifs, Arabes et Arméniens. Ma réponse à ces remarques sera la suivante : Nous sommes sionistes, non seulement sionistes pour nous-mêmes, mais aussi pour les Arabes et les Arméniens. Sionisme signifie fidélité à son ancienne patrie, à son ancien foyer. Nous autres Juifs pouvons-nous ignorer le fait que la nation arabe est une noble nation qui a été persécutée ? La coopération, qui a existé entre les Arabes et les Juifs au Moyen-Age pour la civilisation et la vraie culture, n'est-elle pas écrite dans nos cœurs et profondément enracinée dans notre conscience ? Le fait que nous faisons partie de la race sémite, notre titre à avoir une place dans la civilisation du monde, à influer sur le monde et à participer au développement de la civilisation, ont toujours été hautement proclamés. Si la parenté de race compte vraiment pour quelque chose, s'il existe de grandes associations qui doivent servir de bases à l'avenir, ces associations existent entre nous et les Arabes.

Je crois à la logique de ces faits. Dans le principe de la nationalité réside la certitude de notre justice. Là aussi réside la certitude de notre fraternité avec les Arabes et les Arméniens. C'est le cœur plein d'espérance que nous attendons ces jours heureux où ces trois nations créeront—en fait elles ont déjà créé dans la conscience de quelques-uns de leurs chefs—une *entente cordiale* dans ces pays d'Orient qui ont été négligés pendant si longtemps.

" Nous n'allons enlever à personne sa propriété, ni porter atteinte à ses droits. Nous allons trouver la terre qui est disponible, et nous établir partout où il y a de la place, et vivre dans les meilleurs termes avec nos voisins,—vivre et laisser les autres vivre. La Palestine n'est pas encore un pays peuplé, civilisé et prospère. Nous allons la rendre ainsi, en y consacrant nos richesses, notre énergie et notre intelligence. J'ai été heureux d'apprendre que quelques-uns de vos orateurs avaient été en Palestine. Ils ont vu quel air avait le pays. Vous pouvez avoir vu dans le *Times* que l'un de ses correspondants décrit les collines de Judée comme des collines stériles et sans routes. Mais elles n'ont pas toujours été sans routes ni stériles. Autrefois ces collines étaient couvertes de terrasses. Maintenant les Juifs y sont retournés et ont déjà reconstruit quelques-unes de ces terrasses. Si le pays a gardé quelque chose de la civilisation de jadis, de l'agriculture moderne, et de l'industrie, cela est dû aux efforts de cette bande de colons juifs qui ont travaillé au milieu des conditions les plus difficiles.

" Je voudrais maintenant ajouter quelques mots au sujet de la question religieuse. J'ai eu l'honneur de parler à ce sujet avec quelques représentants de l'Église anglicane, et avec le chef de l'Église catholique, le pape. (Applaudissements.) Je leur ai fait une déclaration que je puis vous répéter ici. Nous autres Sionistes nous détestons le mot tolérance, et Sir Mark Sykes a vraiment donné la note juste, quand il a condamné le mot. Nous n'aimons pas la tolérance pure et simple de ceux qui ne sont pas Juifs, et nous ne voulons pas qu'ils soient *tolérés* à leur tour. Nous savons que la Palestine est pleine de sanctuaires et de lieux saints, de lieux sacrés au monde chrétien, sacrés au cœur de l'Islam, sacrés pour nous-mêmes. Ce serait être aveugle que de ne pas voir que la Palestine possède ces endroits de vénération et de dévotion. La Palestine est la terre même d'où doivent disparaître tous les conflits religieux. C'est là

que nous devons nous rencontrer, en tant que frères ; c'est
là que nous devons apprendre à nous aimer les uns les
autres, et non seulement à nous tolérer les un les autres.
(Applaudissements.) Voilà ce que j'ai déclaré aux représentants des grandes Églises, et ce que je puis vous répéter
ici."

M. Sokolow a conclu son discours par quelques remarques en hébreu.

Le président a alors proposé la motion suivante qui
a été votée par acclamation :

" Nous décidons que ce *meeting*, représentant toutes les
sections de la communauté juive de Manchester, transmette
au gouvernement de Sa Majesté l'expression de sa reconnaissance profonde pour sa Déclaration en faveur de l'établissement en Palestine d'un foyer national pour le peuple
juif.
" Nous assurons le gouvernement de Sa Majesté que son
acte historique venant à l'appui des aspirations nationales du
peuple juif a éveillé chez tous les Juifs les sentiments de la
joie la plus profonde. Ce *meeting* s'engage en outre à faire
tous ses efforts pour donner son appui le plus entier à la
cause sioniste."

En plus des démonstrations juives à Londres et à
Manchester, il y a eu dans la plupart des communautés
israélites du Royaume-Uni des *meetings* publics en-
thousiastes, où l'on a voté des motions semblables.

DÉMONSTRATIONS EN AMÉRIQUE.

Des milliers de Sionistes de New-York emplissaient le
Carnegie Hall le jour de la commémoration. Des
milliers d'autres emplissaient les rues autour de l'édifice,
n'ayant pu y pénétrer, bien après le commencement du
meeting. Les drapeaux des États-Unis, de l'Angleterre,
et des Sionistes, groupés ensemble, étaient suspendus
aux murs, et les auditeurs ne cessèrent de chanter des

hymnes en hébreu dans les intervalles entre les discours. Les chefs des Sionistes de New-York et de l'Ancien Continent insistèrent sur la signification du triomphe des armes britanniques.

M. LE DR. SCHMARYA LEVIN, parlant en *Yiddish*, déclara que la promesse de la Grande-Bretagne n'était pas un acte politique ou diplomatique, mais quelque chose de beaucoup plus profond, une étape dans le développement de l'histoire, qui ajoutait en réalité un nouveau chapitre à la Bible, un chapitre moderne grâce auquel les Juifs d'aujourd'hui pourraient relier quelque chose des temps anciens à l'histoire de l'ancien royaume israélite. M. Levin prononça son discours, en tant que représentant de l'organisation sioniste internationale.

LE REV. DR. O. A. GLAZEBROOK, ex-consul des États-Unis à Jérusalem, s'exprima en ces termes : C'est le devoir de tous les Juifs qui aiment la Palestine, et qui chérissent l'espoir du rétablissement d'Israël d'employer leur influence, leurs richesses matérielles et leur vie de façon à ce que l'Angleterre et ses Alliés triomphent dans cette guerre. Nous avons eu, a continué le Dr. Glazebrook, la vision du rétablissement de la nation juive, et nous prions pour que cette vision ne soit pas détruite par la lutte actuelle, mais se réalise au contraire par le triomphe des armes des Puissances de l'Entente. Si la Palestine doit être rendue à Israël, rappelons-nous que la Palestine et que la Syrie doivent rester dans les mains des Alliés ; et notre leçon la plus importante en ce moment, plus importante même que l'élaboration immédiate des détails de l'état sioniste, est notre tâche de veiller à faire tout notre devoir dans cette lutte, et ainsi d'aider au triomphe de la Grande-Bretagne, de la France, de l'Italie et de l'Amérique.

M. LE DR. STEPHEN WISE, président de la réunion, déclara à son tour que ce dont les Sionistes se réjouissaient, n'était qu'un chiffon de papier, mais " ce chiffon de papier était écrit en anglais, il portait la signature du gouvernement britannique, et par conséquent il était sacré et inviolable."

Une réunion fort imposante par le nombre eut lieu ensuite à Washington, à laquelle vinrent à la fois les Chrétiens et les Juifs pour célébrer la prise de Jérusalem par les Anglais.   M. le Dr. Harding, l'évêque de Washington, le Rabbin Abram Simon et M. le Dr. James Montgomery y prononcèrent des discours remarquables.

M. LE RABBIN SIMON s'exprima en ces termes : " En ma qualité de membre de la maison d'Israël, je suis heureux d'être avec vous et de me réjouir avec vous. Plus vous êtes chrétiens, et plus je vous aime, car l'amour est l'esprit avec lequel les Anglais sont entrés à Jérusalem. Au lieu de pousser des hourras sauvages, les Anglais ont pénétré, la tête nue, dans la ville, précédés par leur grand général qui s'avançait humblement à pied ! Quelle façon différente de celle dans laquelle les Allemands entrent dans une ville conquise ! Les habitants du pays de Galles et les Australiens, qui formaient l'avant-garde, ne coupèrent les mains d'aucun enfant, ne poignardèrent ni ne violentèrent aucune femme, ne bouleversèrent aucune terre labourable, ne firent rien qui pût leur causer de la honte, mais ils désiraient uniquement permettre à l'éclat de leur exploit merveilleux de réfléter ses rayons dans la preuve de la miséricorde de Dieu."

DÉMONSTRATION EN RUSSIE

Les Sionistes d'Odessa, où les Juifs forment plus de la moitié de la population, organisèrent une grande démonstration de toutes les organisations israélites, y compris les réfugiés politiques juifs de Roumanie. Pendant près d'un kilomètre, à la porte du Consulat, la rue était remplie d'une foule de 150,000 personnes, et une procession longue de trois kilomètres défila devant le Consulat, en jouant les airs nationaux anglais et juifs.

Un message signé du chef du mouvement sioniste à Odessa fut remis au consul britannique, avec la prière qu'il voulût bien exprimer à son Roi, à son gouvernement et à sa nation les remercîments sincères de tous les Juifs d'Odessa. Lorsque le consul britannique parut au balcon, ce fut le signal d'applaudissements prolongés et répétés pour le Roi d'Angleterre, le gouvernement britannique et le peuple anglais. Le consul, après avoir remercié la foule dans un petit discours, resta sur le balcon pendant deux heures, tandis que la procession défilait devant lui, répétant ses hymnes nationaux, et exprimant publiquement aussi bien qu'en particulier son émotion profonde et ses remercîments à la nouvelle de la preuve de l'amitié de l'Angleterre. Après avoir passé devant le consulat britannique, la foule se rendit au Consulat américain, où des scènes analogues eurent lieu. Le jour suivant, une députation de rabbins représentant cinquante-huit synagogues d'Odessa, en même temps que quelques paroissiens de Vitkop, remirent au consul anglais un message dans des termes semblables pour la nation britannique.

DÉMONSTRATION EN ÉGYPTE.

Un *meeting*, convoqué sous les auspices du Comité Central de l'Organisation Sioniste et organisé par la *Zeiré Zion Society* d'Alexandrie, réunit entre 7,000 et 8,000 personnes. Le gouverneur d'Alexandrie tint à y venir en personne. Vingt organisations et institutions différentes se firent représenter par des délégués, et le grand rabbin d'Alexandrie, M. le Professeur Della Pergola, y vint aussi.

Le *meeting* se fit remarquer par un enthousiasme extraordinaire, et l'on y décida d'envoyer le télégramme suivant :

" Le Très Honorable Lloyd George, Premier Ministre, Downing Street, Londres. Une réunion en masse de 8,000 Juifs, tenue aujourd'hui à Alexandrie, a manifesté un enthousiasme indescriptible pendant la lecture de la Déclaration de M. Balfour, et a exprimé sa reconnaissance la plus profonde au gouvernment de Sa Majesté.—JACK MOSSERI, Président, Organisation sioniste d'Égypte."

COMMENTAIRES DE LA PRESSE.

Tous les journaux juifs dans les pays alliés et neutres, et, dans une certaine mesure, même dans les pays ennemis, ont accueilli avec éloges la Déclaration du Gouvernement britannique. Les journaux mêmes qui étaient autrefois hostiles à l'idéal sioniste ont pris maintenant une attitude amicale devant l'inclusion de cet idéal parmi les buts de guerre de la Grande-Bretagne. Voici quelques extraits des commentaires de la Presse :

La *Revue Sioniste* (*Zionist Review*) (Supplément spécial), décembre 1917 :

" La Déclaration est, d'abord, une reconnaissance publique et formelle par la Grande-Bretagne (et par conséquent par ses Alliés) qu'Israël, en tant que nation, existe et persiste à vivre. C'est, en second lieu, une reconnaissance que le problème de la nation juive et du Judaïsme ne peut être résolu que par une Palestine juive. C'est, en troisième lieu, la garantie que le règlement de la paix doit comprendre une telle solution par l'établissement d'un foyer national juif en Palestine. Toute la cause israélite, pour laquelle les Juifs ont vécu pendant dix-huit cents ans, et que les Sionistes ont exposée, est ainsi incorporée dans le droit commun de l'humanité. Rien désormais ne l'en fera sortir, quel que soit le résultat de la lutte militaire. Or tout cela, nous le devons même maintenant à la Grande-Bretagne, et dans quelques mois nous verrons l'accomplissement de ce qui nous est garanti aujourd'hui, la réalisation en actes de ce qui est écrit maintenant."

La *Chronique Juive* (*Jewish Chronicle*), 19 novembre 1917 :

" D'un seul coup la cause juive a fait un grand pas en avant. La Déclaration du Gouvernement de Sa Majesté sur l'avenir de la Palestine relativement à la nation israélite marque une nouvelle époque pour notre race. Car le Gouvernement britannique, en accord (on peut le supposer sans l'ombre d'un doute) avec le reste de ses Alliés, s'est déclaré en faveur de l'établissement en Palestine d'un foyer national pour le peuple juif, et s'est engagé à faire tous ses efforts pour faciliter l'accomplissement d'un tel objet. Ainsi une grande lumière a brillé tout à coup pour les Juifs dans un univers qui est, à tant d'égards, sombre, lugubre et tragique. La Déclaration du gouvernement, qui concède en principe la position sioniste, doit avoir des effets incalculables et essentiels sur l'avenir des Juifs et du Judaïsme.''

L'Express Juif (*Jewish Express*) :

'' C'est un événement colossal dans le Judaïsme, une nouvelle époque dans l'histoire du peuple juif. Pour trouver quelque chose qui y ressemble de près, il nous faut remonter vingt-cinq siècles en arrière, à l'époque où Cyrus, le roi de Perse, promulgua son décret permettant aux Juifs de retourner en Judée pour y rétablir leur foyer national. . . . Quelle que soit l'issue finale, le fait lui-même—à savoir que la plus grande Puissance du monde a reconnu les aspirations de la nation israélite au sujet de la terre de ses ancêtres—marque un jour à jamais mémorable dans l'histoire juive. C'est là un phénomène merveilleux pour quiconque possède le sens de l'histoire. . . . Mais l'événement fait plus que d'exciter de l'émerveillement ; il remplira de joie tous les cœurs vraiment juifs, car il ouvre un nouvel horizon à l'avenir. Tous les Juifs dans tous les temps se rappelleront le jour, où la Déclaration a été signée au nom du gouvernement, avec reconnaissance et respect pour la grande Puissance qui, avec le sentiment de la justice qu'elle possède, a soutenu les justes revendications d'une nation si longtemps lésée. Le sentiment d'une reconnaissance inexprimable se mêle au sentiment d'un émerveillement extraordinaire.''

Le *Temps Juif* (*Jewish Times*) :

'' Un frisson de joie a couru dans le cœur de toute la nation israélite, à la lecture de cette grande nouvelle. Elle sera une source d'enthousiasme pour tous les esprits vraiment juifs. . . . On peut regarder à bon droit la Déclaration comme le commencement de la fin du *Goluth* Juif, le commencement de la solution du problème national juif, le commencement du rétablissement des Juifs en Palestine. . . . Jamais dans l'histoire **une telle assurance n'a été** donnée au peuple **juif**.''

La *Chronique juive américaine* (*The American Jewish Chronicle*), New-York :

"C'est la première fois pendant près de deux mille ans de notre *Diaspora* qu'une Grande Puissance a reconnu publiquement la nationalité juive et son droit à posséder un foyer national . . . . Ce n'est nullement par pur accident que les deux grandes nations anglo-saxonnes avec leurs gouvernements, que la Grande-Bretagne et que les États-Unis d'Amérique se trouvent les premiers parmi les Grandes Puissances à reconnaître le droit des Juifs à posséder un foyer national, et ainsi à reconnaître publiquement la nationalité des Juifs. Si l'ancien esprit juif, tel qu'il se montre dans la Bible, a jamais influé sur une grande race et l'a jamais aidée à se faire une destinée et une politique, ç'a été la race anglo-saxonne. Depuis 400 ans, la plus grande production du génie israélite, la Bible, a été un facteur puissant dans la vie de la race anglo-saxonne, et dès que les Anglo-Saxons se sont débarrassés de l'influence du Moyen-Age, ils ont commencé à traiter les Juifs qui vivaient chez eux avec respect et justice, avant même de les émanciper officiellement."

L'*Avocat Juif* (*Jewish Advocate*), Boston :

" Que l'on regarde cet événement merveilleux du point de vue religieux, ou de tout autre point de vue, le fait reste le même. Le rêve de tant de siècles qu'ont caressé les esprits de millions de Juifs, s'est réalisé. Maintenant tous les Juifs sont sionistes."

Hatoren (Hébreu), New-York :

" Nous attendions depuis longtemps une telle Déclaration et nous étions certains qu'elle devait venir. . . . Et cependant, quand elle est venue, et que nous l'avons lue et relue, nous avons senti que le souffle divin de l'âme, et que l'esprit de la renaissance nationale nous avaient remplis et débordaient de nos cœurs."

Die Wahrheit, New-York :

"Chaque victoire sioniste explique très clairement au monde que ceux-là seuls ont le droit de parler au nom de la nation israélite qui proclament notre nationalité."

IMPRIMÉ EN ANGLETERRE PAR RICHARD CLAY ET FILS, LIMITED,
BRUNSWICK STREET, STAMFORD STREET, LONDRES, S.E. 1.